新零售时代电商实战

网店推广实操

崔恒华　编著

U0744010

电子工业出版社
Publishing House of Electronics Industry
北京·BEIJING

内 容 简 介

中小卖家想把生意做大，大卖家想把生意做强，淘宝卖家都想迅速打响品牌的知名度，都想从众多卖家中脱颖而出，但如果只是"守株待兔"式的销售模式，可能永远都达不到目标。对于很多新开店铺的卖家或者中小卖家来说，如果想迅速打开销路，"网店推广"就是必须学习的入门课程。

本书的编者既包括具有 10 多年网店运营经验的金冠级卖家，又包括电子商务营销专家，这些专家曾编写了多本关于淘宝开店营销类的畅销图书。本书针对网店商品的销售，介绍了如何使用各种工具宣传推广自己的网店及各种推广方法的使用。其主要内容包括网店推广的流量分析、直通车、智钻展位、淘宝客推广、玩转促销策略、淘宝活动、手机端淘宝推广引爆店铺销量、打造网店爆款商品。

本书适合已经拥有了自己的网店并想提高营销水平、扩大经营规模的卖家阅读，也适合希望拓展网络市场的企业管理者及有意进行网络营销的个人阅读，同时本书也可作为电子商务营销培训的参考教材。

未经许可，不得以任何方式复制或抄袭本书之部分或全部内容。
版权所有，侵权必究。

图书在版编目（CIP）数据

网店推广实操 / 崔恒华编著. —北京：电子工业出版社，2020.1
（新零售时代电商实战）

ISBN 978-7-121-37621-4

Ⅰ. ①网… Ⅱ. ①崔… Ⅲ. ①网店－商业经营 Ⅳ. ①F713.365.2

中国版本图书馆 CIP 数据核字（2019）第 219949 号

责任编辑：林瑞和   特约编辑：田学清
印   刷：北京天宇星印刷厂
装   订：北京天宇星印刷厂
出版发行：电子工业出版社
          北京市海淀区万寿路 173 信箱   邮编：100036
开   本：787×980 1/16   印张：16.5   字数：377 千字
版   次：2020 年 1 月第 1 版
印   次：2024 年 8 月第 10 次印刷
定   价：69.00 元

凡所购买电子工业出版社图书有缺损问题，请向购买书店调换。若书店售缺，请与本社发行部联系，联系及邮购电话：(010) 88254888，88258888。

质量投诉请发邮件至 zlts@phei.com.cn，盗版侵权举报请发邮件到 dbqq@phei.com.cn。

本书咨询联系方式：010-51260888-819，faq@phei.com.cn。

前　言

————————————————————————

随着国内居民消费能力的持续提升和网上购物习惯的逐步养成，中国网络零售市场交易规模保持着持续增长的态势。按照这样的趋势，未来几年，网络购物市场依然会保持相对较快的发展速度，网上购物的发展空间还有很大，网络购物市场前景依然十分诱人。随着网络购物的不断发展，开网店的人越来越多，竞争也越来越激烈，很多网店一整天都没有几单生意，最终只能倒闭。这是由于卖家欠缺网络营销推广知识导致其店铺停滞不前，要突破这种瓶颈，卖家必须掌握更多的网店推广策略和营销方法。

那么，网店推广应怎样进行流量分析？直通车是怎样扣费的？怎样开通直通车推广？如何开通智钻展位？智钻展位的操作流程是怎样的？智钻展位有哪些操作策略？怎样设置合理的推广佣金？采用什么样的方法可以为店铺招募更多的淘宝客？如何做好淘宝秒杀促销？"满就送"活动是怎样操作的？如何利用淘金币吸引优质流量？怎样参加淘宝天天特卖促销活动？怎样做好各类活动推广？手机端淘宝又该如何运营与推广？如何打造爆款商品？针对这些问题，本书的编写目的就是更好地帮助卖家进行网店推广，提高产品的销量，赚取更多的利润。

本书特色

希望通过本书的学习，能够让更多卖家根据网店的实际情况，合理地选择、使用网店推广工具，在自己的店内、站内，甚至全网进行推广。

- 本书的编者既包括具有 10 多年网店运营经验的金冠级卖家，又包括电子商务营销专家，这些专家曾编写了多本关于淘宝开店营销类的畅销图书。
- 本书大部分的技术是经过编者或者其他卖家证明过的确实有效的技术，能够实实在在地帮助卖家提高网店的利润。
- 本书的内容是编者在网店推广过程中总结的精华，涵盖了网店推广过程中遇到的许多细节问题。

- 本书配套资源丰富，配有 PPT 教学课件、多媒体教学视频，还有丰富的课后习题，便于读者掌握与巩固相关知识。
- 本书按照 2019 年最新改版的淘宝界面进行编写，介绍了淘宝最新推出的营销工具和营销案例，让读者一目了然。

本书适合读者

　　本书适合已经拥有了自己的网店并想提高营销水平、扩大经营规模的卖家阅读，也适合希望拓展网络市场的企业管理者及有意进行网络营销的个人阅读，同时本书也可作为电子商务营销培训的参考教材。

　　本书的编者除了署名中的编者，参加编写和提供素材的还有孙东云、孙素华、何海霞、孙良军、何琛、孙起云、吕志彬等。由于编者水平所限，书中难免存在不足之处，欢迎读者朋友不吝赐教。

读者服务

- 获取精选书单推荐
- 加入读者交流群，与更多读者互动、与本书作者互动

扫码回复：37621

目　录

第 1 章

网店推广的流量分析

开店指导

随着网络购物的不断发展，开网店的人越来越多，然而，即使开了网店，如果不懂任何营销，网店最终也只能倒闭。虽然近年来开网店的人越来越多，但是其中一部分人的收入并不高，这正是因为他们没有很好地解决网店推广中的流量问题，没有流量，怎么会有交易呢？

1.1 分析自己店铺的经营现状

随着互联网的发展，传统的商业格局得以打破，电商行业也在不断地发展壮大。在这个大背景下，一些数据分析工具应运而生。

生意参谋是阿里巴巴打造的首个卖家统一数据平台，其向全体卖家提供一站式、个性化、可定制的商务决策体验。它汇集了海量数据及店铺经营思路，不仅可以更好地为卖家提供流量、商品、交易等店铺经营的数据披露、解读、预测等功能，还能更好地分析店铺的经营现状。

图 1-1 所示为生意参谋的流量分析功能。卖家从"流量总览"页面可以知道店铺的访客数、浏览量、老访客数、新访客数的多少及其变化情况；可以从跳失率、人均浏览量、平均停留时长等数据，了解入店访客的质量高低。卖家通过生意参谋可以更好地分析店铺现状，进行店铺管理。

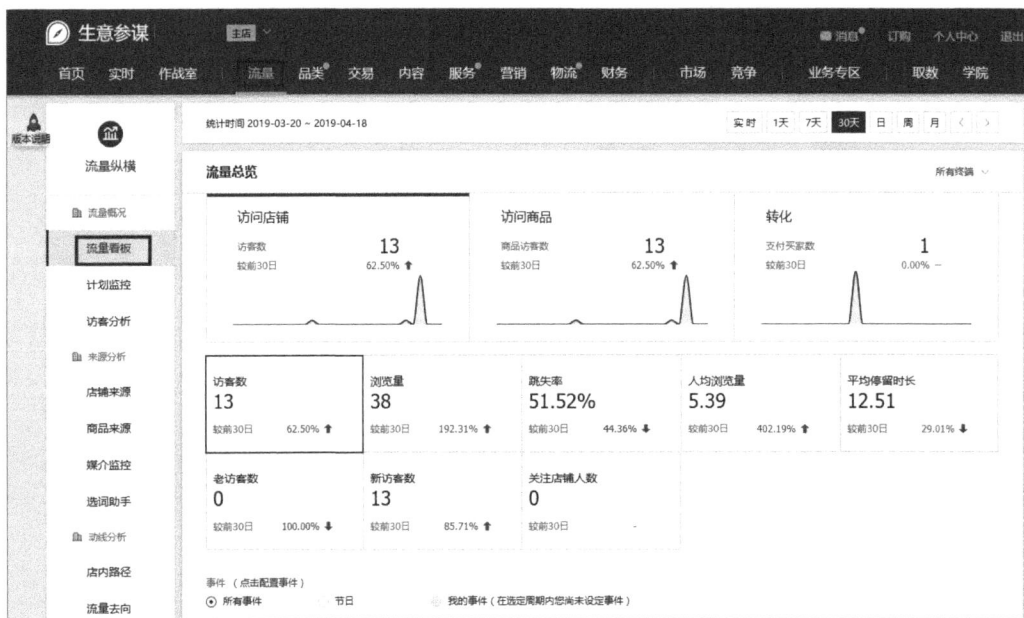

图 1-1　生意参谋的流量分析功能

1.2 网店流量指标

在淘宝网店运营过程中，卖家一定要通过查看各项数据指标，来调整自己的运营方向。那么究竟要查看哪些数据指标呢？

1.2.1　网店流量指标介绍

卖家在查看数据指标时，常常会对其中的流量概况指标存有疑惑。下面笔者就来介绍各个指标代表的具体含义。

1．页面浏览量

页面浏览量即网店所有页面的浏览数量之和。

2．独立访客数

独立访客数是指网店各页面的访问人数，用来描述访问一个网店的用户数量。同一名访客在统计时间内多次访问网店也只记为一个独立访客。所有终端访客数等于 PC 端访客数和无线端访客数之和。

3．跳失率

在统计时间内，来访网店但浏览量为 1 的访客数与网店总访客数之比，即访客数中只有 1 个浏览量的访客数的占比，就是跳失率。该值越低表示访客的质量越好。

4．平均访问深度

平均访问深度是指访客在一次进店过程中连续访问的网店页面数。

5．人均店内停留时间

人均店内停留时间是指在所有访客的访问过程中，平均每位访客每次连续访问网店的停留时间，即来访网店的所有访客总的停留时间除以访客数，单位为秒。

6．网店老访客占比

网店老访客占比是指在 PC 端或无线端上，来访网店的访客中，那些 6 天内曾经来访过的访客占比。所有终端的老访客占比等于 PC 端老访客和无线端老访客之和除以所有终端访客数。

1.2.2　淘宝开店要做好三大指标

销售额计算公式：销售额=流量×转化率×客单价。

流量、转化率和客单价是做好网店的三大指标。然而，不管流量是免费的还是付费的，其获取成本只会越来越高，所以网店的工作重心必然会向提高转化率和提高客单价这两个方向进行转移。

1．流量

在淘宝开店的过程中，把流量引进来是卖家的首要工作。流量除了可以给网店带来销量、提高销售额，还对网店的排名有着十分重要的影响。

提到获取网店流量，大家想到的就是"搜索优化"和"付费推广"这两种方式。"付费推广"对于大卖家来说没问题，但是对于中小卖家来说则有一些困难，所以中小卖家更应该重视"搜索优化"。关于流量的来源，笔者在后文章节中将进行详细介绍，这里不再赘述。

2．转化率

要想提高转化率，就要注意标题、主图、详情页三者的高度相关性。对于买家来讲，其本质需求大部分是通过关键词搜索来体现的。比如，一个买家搜索"女棉鞋内增高"时，卖家马上就可以判断出"内增高"就是影响买家是否转化的核心要素，那么卖家就应当在商品标题中体现这个要素。另外，当买家在搜索的时候，如果你的主图标注了"内增高"和"隐形增高"这类特点，那么该主图就会比一般的主图的点击率更高。如图 1-2 和图 1-3 所示，前者主图标注了特点，而后者主图没有标注特点，所以前者主图的点击率就会比后者高很多。

图 1-2　主图标注了特点　　　　图 1-3　主图没有标注特点

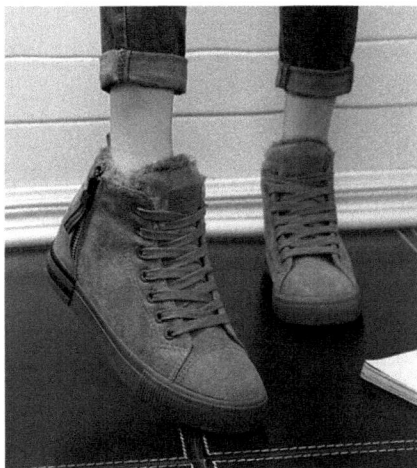

一些大卖家对主图的制作要求非常高。主图无论是商品图还是推广图，都是起视觉营销作用的，大卖家会利用直通车不断地对不同主图进行测试，确认买家对于哪款主图更容易接受，然后敲定主图，从而增加网店的流量。

中小卖家在设计详情页时可参考大卖家的作品，学习他们详情页的设计特点，如注重商品的特点、注重商品的细节图等。标题、主图、详情页三者高度相关，是提升转化率的必要条件。图 1-4 所示为商品的详情页。

图 1-4 商品的详情页

3. 客单价

客单价是产生交易的支付金额与买家数之比，即平均每个买家的购买金额。

在单品价格相同的情况下，卖家可以通过促进买家购买多件商品来提高客单价，如利用"满就送（减）"活动、搭配套餐等。图 1-5 所示的商品就参加了"满就送"活动。

图 1-5 "满就送"活动

搭配套餐是提高客单价的另外一件"利器"，具体指卖家从专业的角度，将两件互补的商品搭配起来，然后通过详情页告知买家：这两件商品同时购买会更好。例如，做女装的卖家可以把外套和裤子搭配成套，一起销售，如果买家觉得这样搭配确实很好看，就会选择两件一起购买，这样既可以帮助买家免去搭配的烦恼，提高其体验度，又可以提高网店的客单价。图 1-6 所示为羽绒服和裤子的搭配套餐。

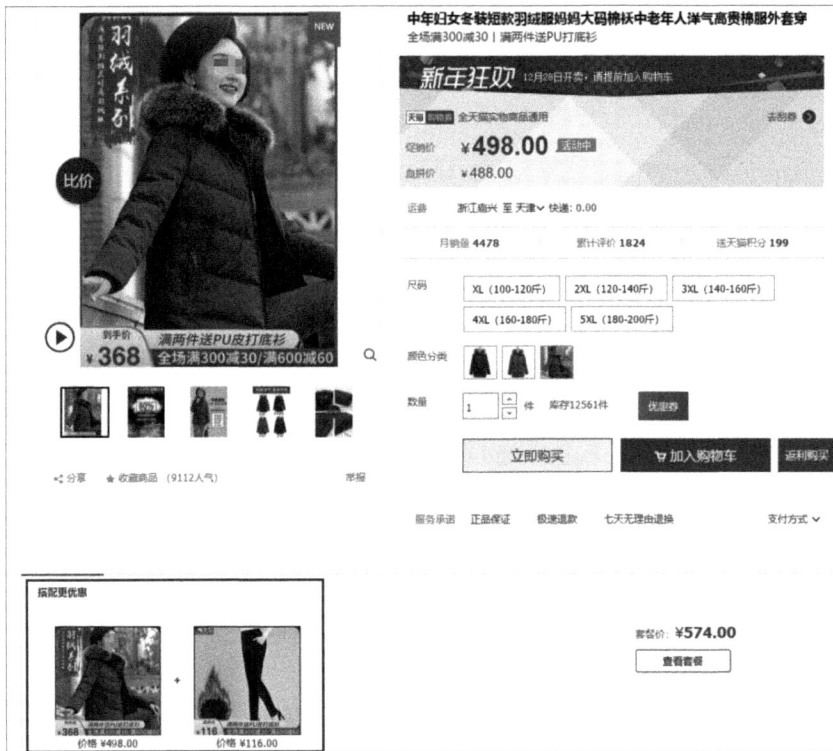

图 1-6　羽绒服和裤子的搭配套餐

1.3　网店推广的流量来源

流量是卖家经营网店需要把握的重中之重，它能提升网店的人气和点击率，是网店获得交易的基础。对于一家正常运营的网店来讲，其引入流量的渠道是多种多样的。就淘宝、天猫平台而言，付费推广的三大工具依然是引流工具的核心，主要包括直通车、智钻展位、淘宝客等。除这三大工具之外，平台还提供了很多通过打折促销来获取流量的促销活动，如聚划算、淘抢购等。

1.3.1　推广工具获取流量

网店推广中常见的工具有直通车、智钻展位、淘宝客，它们分别有三种不同的付费形式：直通车按照点击次数付费、智钻展位按照每千次展现付费、淘宝客则根据成交量以佣金形式付费。本节以淘宝网为例，对这三种工具进行详细介绍。

1．直通车

淘宝直通车是帮助卖家推广商品和网店的营销工具。卖家通过对买家搜索的关键词或淘宝站内及站外的展现位置出价，价高者可以将商品展现在高流量的直通车展位上。卖家也可以通过多种买家标签来决定在哪些买家面前展现，从而让自己的商品在众多商品中脱颖而出。

（1）直通车搜索营销。直通车搜索营销是卖家设置与商品相关的关键词并出价，在买家搜索相应关键词时，推广商品获得展现并带来流量，实现精准营销，卖家按所获流量（点击数）付费。卖家加入淘宝直通车，即默认开通搜索营销。图 1-7 和图 1-8 所示分别是关键词搜索结果页面右侧和底部的"掌柜热卖"，这些都是直通车推广的商品。

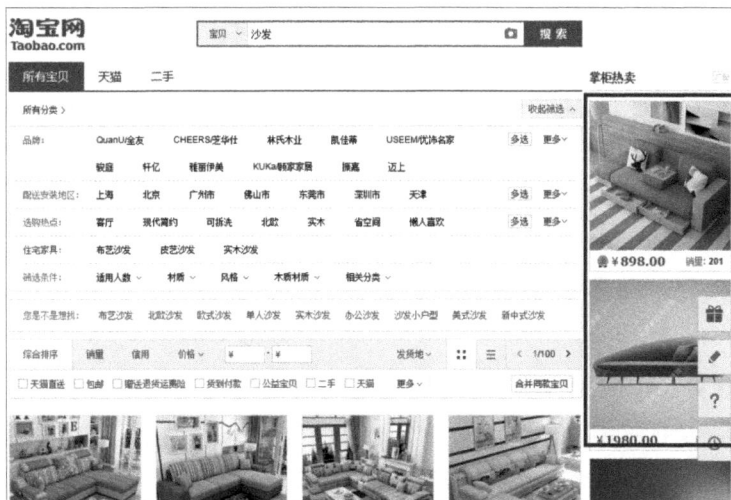

图 1-7　关键词搜索结果页面（右侧）的"掌柜热卖"

（2）直通车定向推广。利用淘宝网庞大的数据库，卖家可以通过多维度人群定向技术，锁定目标买家，并将推广信息展现在目标买家浏览的网页上。除了淘宝网站内的热门页面，淘宝直通车还整合了多家外部优质网站，帮助卖家将商品覆盖到更多目标买家，其展现逻辑是根据潜在买家浏览网页的内容和购买习惯，由淘宝直通车系统自动匹配出相关度较高的商品，并结合出价进行展现，从而更精准地满足潜在买家的需求。出价越高，反馈信息越好，定向推广展现概率就越高。

图 1-8　关键词搜索结果页面（底部）的"掌柜热卖"

参加定向推广后，商品将有机会展现在众多高流量、高关注度的展位上。如图 1-9 所示，"热卖单品"展示的就是直通车定向推广的商品。

图 1-9　"热卖单品"展示的商品

定向推广的优势有以下三点。

① 定位精准、转化率高。以商品找人，根据多个兴趣节点判断意向买家，转化率更高。

② 流量丰富、收藏量多。每天可以吸引丰富的流量。

③ 操作便捷、省时省力。选好位置、定好出价、设置人群，三步即可轻松获取精准流量。

（3）直通车店铺推广。直通车店铺推广是淘宝推出的一种通用推广方式，满足了卖家同时推广多个同类型商品、传递网店独特品牌形象的需求。这种店铺推广能有效补充单品推广的不足，为卖家提供更广泛的推广空间，帮助卖家吸引买家进入网店页面。

直通车店铺推广可以推广除单个商品的详情页面外的任意网店页面，如分类页面、商品集合页面、导航页面等，并通过设置关键词为网店带来更多的精准流量。

2．智钻展位

智钻展位，就是智能版的钻石展位，是面向全网精准流量实时竞价的展示推广平台。其以精准定向为核心，为卖家提供精准定向、创意策略、效果监测、数据分析等一站式全网推广投放解决方案，帮助卖家实现更高效、更精准的全网数字营销。如图 1-10 所示，箭头所指框选部分就是智钻展位。

图 1-10　智钻展位

智钻展位的实质是图片广告，其引入的流量很大。卖家在利用智钻展位进行推广时，一定要认真，并配合大型的促销活动，这样才能有比较好的推广效果。

3．淘宝客

淘宝客推广是一种按成交计费的推广模式。淘宝客只要从淘宝客推广专区获取商品代码，任何买家经过淘宝客的推广进入卖家店铺完成购买后，淘宝客就可得到由卖家支付的佣金，实现卖家多渠道的商品推荐和推广。

（1）淘宝客如意投推广。淘宝客如意投推广是为卖家量身定制的，帮助卖家快速提升流量、按成交付费的精准推广服务。淘宝客如意投推广按成交计费，不成交不计费，这样卖家没有任何推广风险。

卖家只需要启用淘宝客如意投推广，并设置相应的类目佣金即可。系统会根据卖家推广的商品做出智能分析，然后根据买家的网购行为，进行自动化精准投放，将商品智能推送到买家面前。这样不仅省去了卖家寻找淘宝客的漫长过程，同时还为卖家带来了更多优质的站外流量。

如图 1-11 所示，爱淘宝搜索结果页展示的商品就是通过淘宝客如意投推广推送的。

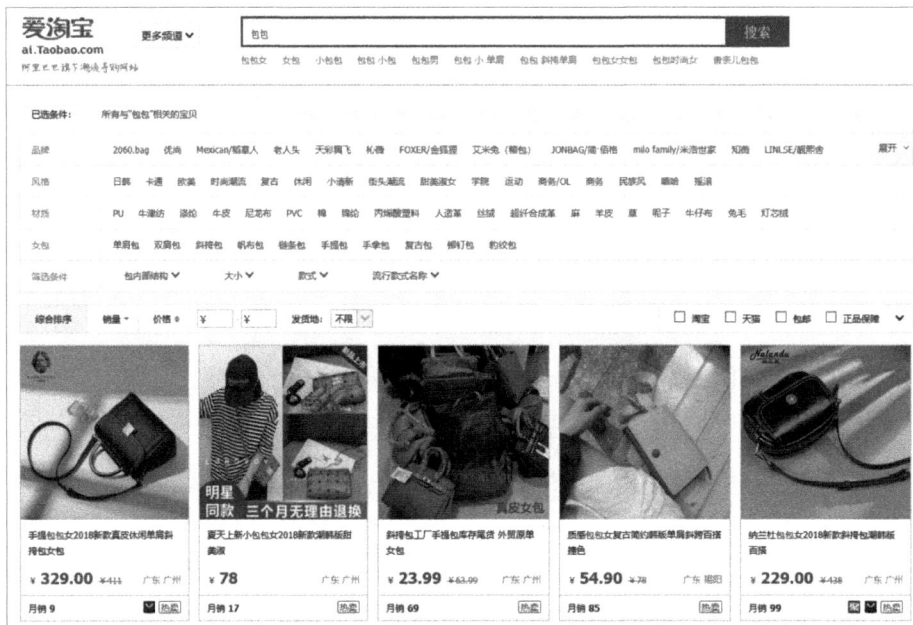

图 1-11　爱淘宝搜索结果页展示的商品

（2）阿里妈妈推广券。阿里妈妈推广券是阿里妈妈官方唯一指定的淘宝客渠道推广优惠券，功能等同于公开的优惠券，可支持淘宝客通过"优惠券+商品"的模式进行推广，可在站外推广中引入新买家，大大提高转化率。

阿里妈妈推广券的优势有以下两点。

① 设置阿里妈妈推广券，即授权给阿里妈妈官方，卖家便可以获得更多推广流量。

② 操作简单方便，可以绑定单品，大大提高转化率。

（3）淘宝客活动。淘宝客活动又名"鹊桥"，顾名思义，意在搭建淘宝客与卖家之间的沟通推广桥梁。卖家在淘宝客创建的活动广场进行报名，然后淘宝客会对报名的商品进行筛选后再进行推广。活动可以选择公开给其他淘宝客，如果选择公开，则当有其他淘宝客推广该活动时，成交后获得的佣金将会按一定比例分给活动创建者。图 1-12 所示为"淘宝客活动广场"页面。

淘宝客活动的优势有以下三点。

① 淘宝客发起活动，卖家自主报名，无须费力找淘宝客。

② 利用站外流量打造爆款商品。每天有很多活动供卖家挑选报名，推广力度大。

③ 简单易用。卖家无须进行烦琐的操作，只需挑选商品后报名即可。

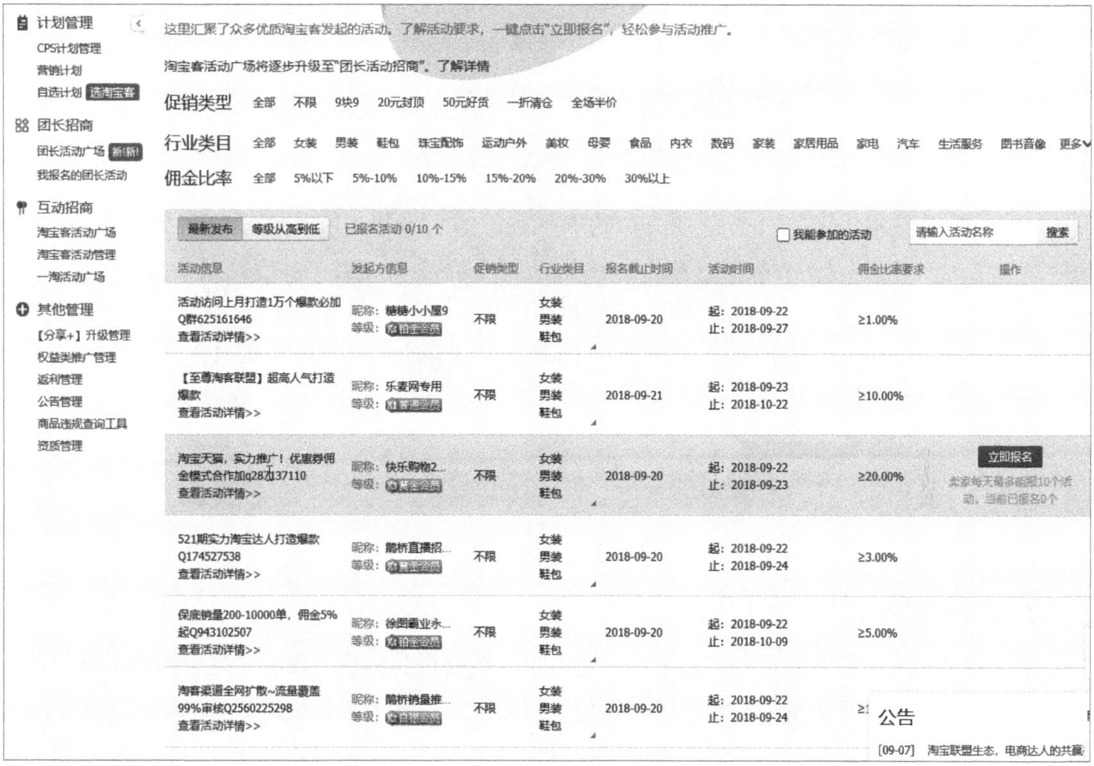

图 1-12　"淘宝客活动广场"页面

1.3.2　促销活动获取流量

电商流量的竞争比较激烈，需要卖家从多种渠道寻找适合自己的精准流量。如今付费推广的成本日趋增加，与单笔订单的获取成本和单个流量的获取成本相比，活动流量的性价比更高。

1．聚划算

聚划算是一个定位精准、以小博大的营销平台。除主打的商品团和本地化服务外，其更有品牌团、非常大牌、聚名品、全球精选、量贩团、旅游团等多样化频道供卖家选择，图 1-13 所示的页面即为聚划算首页。

图 1-13　聚划算首页

2．淘抢购

淘抢购是淘宝无线端的重要营销工具，是淘宝无线端最具特色的限时、限量购物平台，在这里卖家可推送优质商品给买家。淘抢购可以使买家限时、限量购买到优质好货，降低了买家的购物决策成本。淘抢购也是卖家理想的无线端流量渠道，可以使卖家快速规模化地获取新买家，提升无线端的运营能力。淘抢购匹配了手机淘宝客户端优质的流量资源和展示位置，是淘宝卖家在无线端主要的活动流量推广方式。图 1-14 所示的页面即为淘抢购首页。

图 1-14　淘抢购首页

1.4　免费自然流量

如今，在淘宝开店，店铺的流量无疑是相当重要的。对于广大中小卖家来说，刚开始时店铺没有人气、没有流量，必须要想尽一切办法来引入流量。流量的引入方式有付费的，也有免费的。对于资金短缺的卖家来说，如果没有实力尝试直通车、智钻展位之类的付费方法，那么就要更加重视免费的自然流量。

1.4.1　影响自然搜索的主要因素

自然搜索是自然流量的主要来源之一，对于中小卖家来说自然搜索这部分的流量十分珍贵。而影响自然搜索的主要因素有以下几点。

1．店铺动态评分

店铺动态评分包括描述相符、服务态度、物流服务评分。淘宝会根据这三项的评分与同行业的平均水平相比较，从而得到一个数值，然后通过这个数值给店铺、商品分配权重。

在淘宝网上搜索商品，前几页显示的店铺的描述相符、服务态度、物流服务的评分一般都是高于同行业的，如图 1-15 所示。

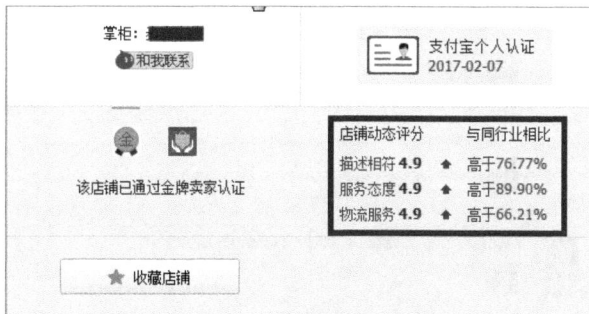

图 1-15　店铺动态评分

2．规则遵守情况

卖家要始终遵守淘宝网的规则。卖家如果有违规操作的情况，淘宝卖家中心便会出现违规提醒。违规严重的卖家的商品是很难进入淘宝搜索结果的前几页的，图 1-16 所示为违规提醒。

图 1-16　违规提醒

3．店铺和商品的好评率

店铺和商品的好评率直接影响店铺的转化率和销售额，进而影响店铺和商品的搜索排名。好评率过低的店铺商品，还会被限制参加营销活动报名。中差评过多，或者商品的评分低会影响商品的搜索展现。如图 1-17 所示，商品的好评较多，会在一定程度上促使销量增加。

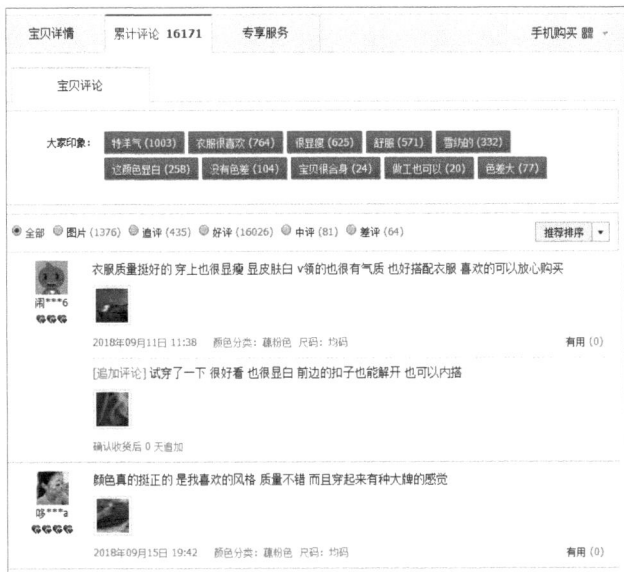

图 1-17　商品的好评较多

4．旺旺在线时长

旺旺在线时长和旺旺的回复响应时间也是影响搜索结果的因素。如果店铺客服实在太忙，可以给旺旺设置一个自动回复，这样也就保证了响应速度。

5．天猫优先

天猫卖家每年要交一定的服务费，而且平台对于成交的每笔订单都会抽取一部分提成，所以天猫卖家的排名一般比较靠前。如图 1-18 所示，搜索结果中天猫的卖家店铺排名比较靠前。

图 1-18　天猫卖家店铺排名靠前

6．商品的标题与商品的相关性

商品的标题与商品的相关性越强，商品在搜索结果中得到展现的可能性也就越大。完善的商品属性可以让买家对商品了解得更全面，但是卖家不要过多地增加无关的属性。如图 1-19 所示，框选的文字描述是商品的标题，其中的关键词与商品的功能相关。

图 1-19   商品标题的关键词与商品的功能相关

7. 库存量

商品上架之后，卖家一定要经常检查商品的库存量。库存量比较少的商品，展现在靠前位置的可能性比较低，一般排名靠前的商品的库存量都比较大。如图 1-20 所示，页面中显示该商品的库存还有 1564 件，可看出此商品的库存量比较大。

图 1-20　商品的库存量比较大

8．热销商品

热销商品就是单位时间卖得比较多的商品。在淘宝网搜索商品时，排在搜索结果页面靠前的商品，一般销量都很大，如图 1-21 所示。

图 1-21 排在搜索结果页面前面的商品

1.4.2 数据分析引爆自然流量

生意参谋是阿里巴巴打造的卖家数据平台，向淘宝、天猫卖家提供一站式、个性化、可定制的商务决策体验，其集合了海量数据和店铺经营思路，不仅可以更好地为卖家提供流量、商品、交易等店铺经营数据，还能更好地指导卖家进行数据化运营，引爆店铺自然流量。

生意参谋的功能有以下几点。

1. 首页的数据工作台

生意参谋通过实时指标、流量分析、商品分析、交易分析、服务分析、营销分析、物流分析、财务分析、市场分析和竞争分析等，可以为卖家展示店铺经营的核心数据分析。图 1-22 所示的页面即为生意参谋首页。

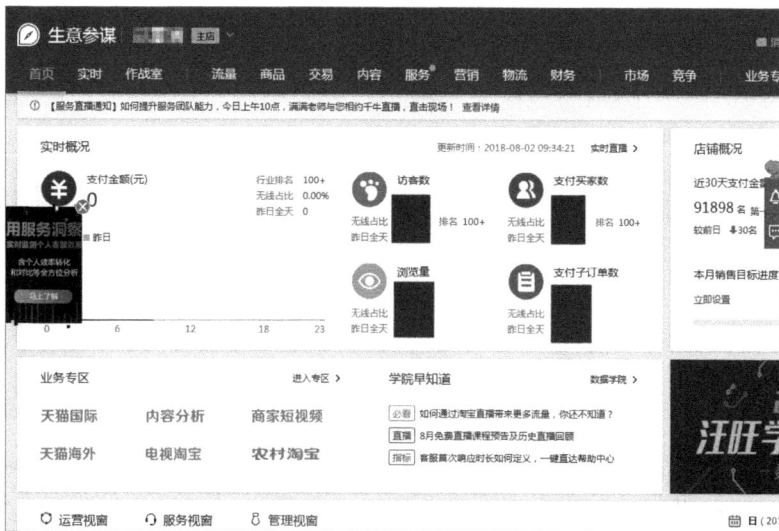

图 1-22　生意参谋首页

2. 实时直播

实时直播包括店铺实时概况（如访客数、浏览量、支付金额、支付子订单数）、实时来源（包括流量来源分布、地域分布）、实时榜单（热门商品排行榜）、实时访客（可以实时查看每位访客的入店时间、来源、访问页面）、实时催付宝（每天提供最有潜力转化的下单未支付订单）。图 1-23 所示为实时直播下的"实时概况"页面。

图 1-23　"实时概况"页面

3．流量分析

流量分析包括流量概况、流量看板、计划监控、访客分析、来源分析、店铺来源、商品来源、外投监控、选词助手。图 1-24 所示为流量分析下的"流量总览"页面。

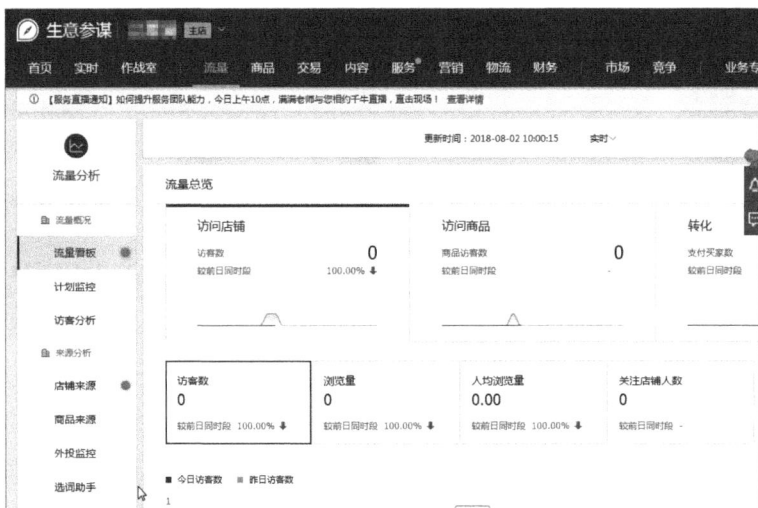

图 1-24 "流量总览"页面

4．商品分析

商品分析提供了店铺所有商品的详细数据，包括商品概况、商品效果、异常商品、分类分析、单品分析、商品温度计、销量预测、单品服务分析。图 1-25 所示为商品分析下的"商品概况"页面。

图 1-25 "商品概况"页面

5．交易分析

交易分析包括交易概况、交易构成和交易明细。卖家可通过店铺交易分析，及时掌控店铺交易情况。图 1-26 所示为交易分析下的"交易概况"页面。

图 1-26　"交易概况"页面

6．营销分析

营销分析包括营销工具和营销效果两大功能，旨在帮助卖家进行精准的营销推广，提高其店铺销量。图 1-27 所示为营销分析下的"营销工具"页面。

图 1-27　"营销工具"页面

7．取数分析

取数分析为卖家提供了自由提取数据的工具，包括我的报表、新建报表、推荐报表三项功能。其拥有丰富的指标数据，可提供不同时间段的数据查询服务。图 1-28 所示为取数分析下的"我的报表"页面。

图 1-28   "我的报表"页面

1.5   优化标题来快速吸引流量

在淘宝开店，要想让商品被买家搜索到，卖家必须优化商品标题。在影响淘宝搜索结果排名的诸多要素中，商品标题是相当重要的一个。因此，笔者建议卖家多花一些时间对标题进行优化，从而吸引买家。

1.5.1   商品标题组合优化

在淘宝网，每天都会有大量的商品上架，卖家只有让自己的商品脱颖而出，才能获得成交的机会。对于买家来说，想要在满屏的商品中尽快找到自己想要的商品，一定会用关键词进行搜索，因此商品标题里一定要有关于商品属性的简单描述。例如，需要购买裙子的买家会用到"裙子"这个关键词，如图 1-29 所示。

商品标题关键词的选取，可以直接影响商品的浏览量，进而影响商品的销售量。卖家设定商品标题通常有以下几种方式。

（1）促销、特性、形容词+商品关键词。

（2）地域特点+品牌+商品关键词。

（3）店铺名称+品牌、型号+商品关键词。

（4）品牌、型号+促销、特性、形容词+商品关键词。

（5）店铺名称+地域特点+商品关键词。

（6）品牌+促销、特性、形容词+商品关键词。

（7）信用级别、好评率+店铺名称+促销、特性、形容词+商品关键词。

这些组合不管如何变化，标题中一定要包含商品关键词。卖家在商品关键词的基础上再增加其他关键词，可以使商品在搜索时得到更多的入选机会，至于选择什么关键词来组合较好，需要卖家去分析市场、商品竞争程度和目标消费群体的搜索习惯来最终确定。

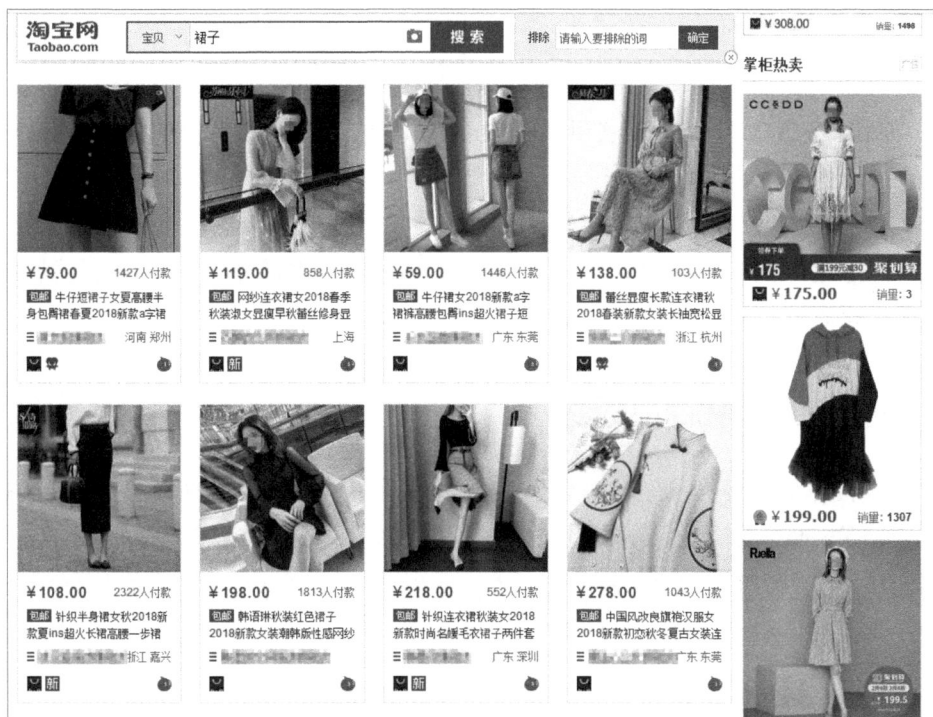

图 1-29 搜索"裙子"关键词出现的页面

1.5.2　撰写具有吸引力的商品标题

淘宝商品标题的字数是有限制的，一般在 30 个汉字（60 个字符）以内。卖家在撰写标题时除要包含必要的商品关键词以外，还要考虑标题的吸引力。

在买家搜索商品的过程中，也许卖家的商品很便宜，质量也很好，商品描述也是精心设计的，但是如果标题不够吸引人，也一样会影响点击率，从而影响成交量。

卖家在撰写标题时，最重要的就是要把商品最核心的卖点用精练的语言表达出来。卖家可以列出自家商品的 3～5 个重要卖点，想方设法地将之融进标题中。

下面是卖家撰写具有吸引力的商品标题时应注意的事项。

（1）只有确实需要的东西，买家才会购买，所以商品标题不能让人产生误解，应该准确且简单明了，让买家能够一目了然。完整、全面的标题能够让买家更清晰地了解商品，并且商品也更容易被搜索到。

（2）买家在看搜索结果列表时，有时候就是一扫而过，适当加一些醒目的符号可以吸引买家的注意。同时，如果标题比较长，使用符号也能起到分隔的作用，使标题更容易被理解。

（3）吸引买家眼球的感官词的使用也是有技巧的。如果是"皇冠"店铺或者信誉比较高的店铺，那么其可以使用类似"皇冠信誉""百分百好评"等词语。新开店铺也可以使用"特价""促销""超值""新品上市"等词语。

（4）除非卖家的店铺名和品牌名一样，否则就不要把店铺名或者关于店铺的描述加上去。因为标题只是介绍商品，没有必要加上店铺的名字，占用宝贵的标题字数。

1.5.3　利用工具优化商品标题

对于新开店铺来说，绝大部分买家都是通过淘宝站内搜索进入店铺的。标题的优化是一项系统性的工作，卖家必须要结合商品的属性来进行，且要尽可能全面地完善商品属性。所以，新开店铺的卖家可以试试利用工具优化商品标题。

利用工具优化商品标题的具体方法有如下几种。

1．查看行业相关搜索词

生意参谋中的选词助手给卖家带来了极大的便利，而且现在对所有卖家免费开放。如图 1-30 所示，卖家可以清楚地看到行业相关搜索词。卖家从该图中还可以知道，哪些商品标题设置得比较合理，容易被大家搜索到。通常来说，搜索量最高的关键词的商品也是销售量最高的。

图 1-30 行业相关搜索词

2．标题关键词设置技巧

除售出量、浏览量、卖家信誉和剩余时间等因素外，设置关键词一定要准确，要符合买家的搜索习惯，且每两个关键词之间建议用空格隔开，让搜索任意一个关键词的人都能找得到该商品。

1.6 优化商品描述，引爆流量

新手卖家常常会忽略商品描述的价值，殊不知商品描述的质量关系着商品的成交量。新手卖家往往急于将商品上架，只是匆匆忙忙地简单写几句描述。然而，商品上传以后，店铺的生意却不理想，这就需要卖家端正自己的态度，认认真真地优化商品描述。

1.6.1 撰写精彩的商品描述

在网上购物时，影响买家是否购买商品的一个重要因素就是商品描述。很多卖家会在商品描述上花费大量的心思，好的商品描述可以节省很多回答买家提问的时间，更可以留住不想找卖家咨询的"懒惰"买家。卖家多花一些时间撰写精彩的商品描述，能节省出更多的时间去做更多的事情。

对卖家来说，撰写精彩的商品描述就是成功的营销。卖家需要用尽一切办法，为潜在买家寻找一个购买商品的理由，给买家一个合理的"借口"来购买自己的商品。图 1-31 所示的页面即为详细的商品描述信息。

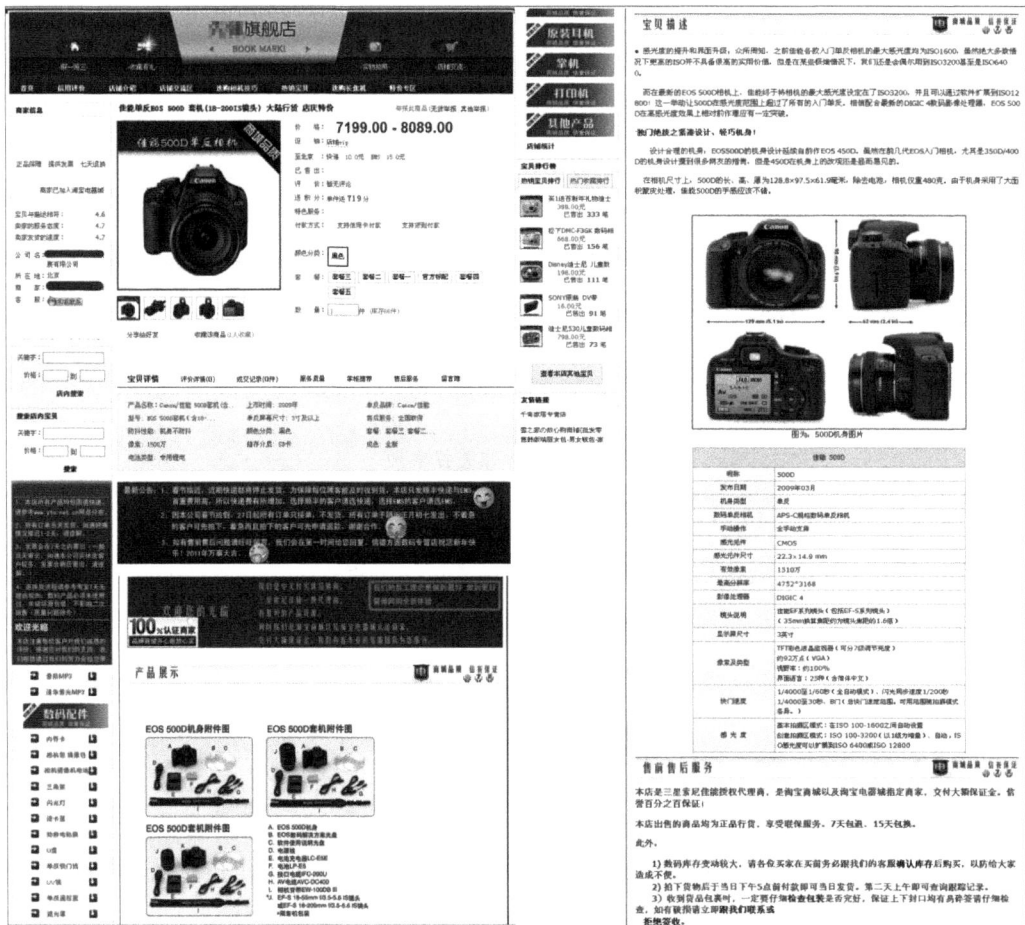

图 1-31 详细的商品描述信息

无论是商品名称、商品图片还是商品详情，其实都是卖家和买家之间进行交易的重要条款。

例如，一双鞋是皮鞋还是布鞋，是棉鞋还是凉鞋，是什么面料、什么颜色的，适合什么体型的人穿，出现质量问题应该怎么办，以及退货要求和退货费用等关于这件商品的疑问，买家需要在商品描述中得到答案。所以，商品描述越详细，以后出现纠纷的可能性就越小，同时也更容易打动买家并促成交易。

卖家在填写商品描述信息时应注意以下几个方面的内容。

（1）先要向供货商索要详细的商品信息。商品图片没有反映的信息包括材料、产地、售后服务、生产厂家、商品的性能等。店铺商品相对于同类商品的优势和特色信息一定要详细地描述出来，这也是该商品的卖点。

（2）商品描述内容要全面。卖家一定要站在买家的角度去思考，如果要买这样的商品，会关心哪些问题，如材质、尺寸、市场价、重量、颜色、适合人群、使用与保养注意事项、基础知识、真假辨别、赠品、服务承诺、支付方式等。

（3）商品描述一定要精细，能够全面概括商品的内容、相关属性，最好能够介绍一些使用方法和注意事项。

（4）为了直观，商品描述应该使用文字、图片、表格三种形式来辅助描述，这样看起来会更加直观，同时增加了买家购买的可能性。

（5）参考同行店铺。卖家可以去其他同行的"皇冠"店铺转一转，了解一下他们的商品描述是怎样的，特别要重视同行中做得比较出色的店铺。

（6）卖家在商品描述中可以添加相关推荐商品，如本店热销商品、特价商品等，让买家更多地接触店铺的商品，加大商品的宣传力度。

（7）条理要清晰。为了做到这一点，很多卖家都会使用已有的模板，给人舒服的感觉，这是一种有效节省时间的方式。卖家要明白商品描述的任务是详尽地介绍商品，尽量减少买家的疑问，除此之外可以适当地加些修饰。

1.6.2　撰写详细的售后服务保障内容

一般除商品的详细描述以外，买家还比较关心商品的售后服务保障，如在什么情况下买家可以退货、换货，以及发生退、换货而产生的邮费由谁来承担等。不同地区及不同的物流方式会产生不同的邮费，对于邮费的说明相信每一位买家都会很仔细地查看，这些详细的售后服务保障说明对商品的成功销售能起到积极的推动作用。如图 1-32 所示，卖家在商品描述中就详细介绍了售后服务保障的内容。

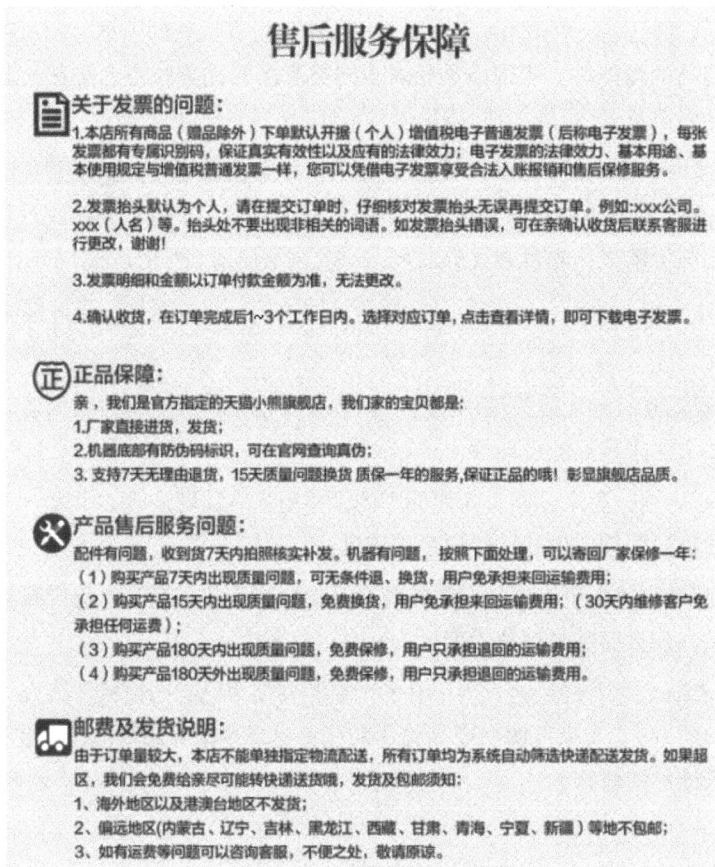

图 1-32   商品描述中的售后服务保障内容

1.6.3   展示商品权威证书

卖家在商品描述页面中展示商品权威证书，可以让买家感觉卖家很专业、很可靠。卖家提供能够证明商品没有进行虚假广告宣传的文件，或者如实展示人们所关心的商品制作过程，都是提升店铺可信度的方法。如果店铺所销售的商品在电视、报纸等新闻媒体上曾有过报道，那么收集这些资料并展示给买家也是一种很好的提升可信度的方法。如图 1-33 所示，该页面展示了商品的相关证书和证明资料。

12年技术沉淀

精研创新，产品不断更新换代，荣获多项专利认证

图 1-33　商品的相关证书和证明资料

1.6.4　制作出色的商品图片

网上交易不同于日常的面对面交易，买家难以亲身感受商品的质地、做工及其他特点。在这种情况下，商品图片就变得很重要。图片的好坏直接关系到交易的成败，一幅好的商品图片能向买家传递很多信息，如能反映出商品的类别、款式、颜色、材质等基本信息。商品图片的制作应注意以下几点。

（1）要能体现商品的整体效果，使买家通过商品的整体图片可以对商品有个总体了解，如图 1-34 所示，这是一幅商品的整体效果图片。

图 1-34　商品整体效果图片

（2）注意图片背景。在制作商品图片时，卖家适当加入背景可以更好地展示商品的使用场景，但切忌图片背景喧宾夺主。图 1-35 所示为添加了适当背景的图片。

（3）商品的配件（点缀的小物件）在图片中不能太大，否则就可能喧宾夺主，如图 1-36 所示，左侧花朵模型过大，很容易分散买家的注意力。

一幅出色的商品图片能起到事半功倍的效果，但前提是图片质量要过关，一幅模糊的商品图片不仅会影响买家对该商品的认知，还会影响买家浏览时的心情。

图 1-35　添加了适当背景的图片　　图 1-36　商品照片的配件搭配不合理

1.6.5　添加商品细节图

即使买家对于商品有购买意向，但如果卖家缺乏对商品细节的描述，也会影响交易，所以适当添加一两幅商品细节图则有助于买家了解商品细节、促成交易。

很多新手卖家不注重细节图的拍摄，这样便很难取得买家信任，所以一定要有商品细节图。服装类商品需要拍摄的细节部分包括吊牌、拉链、线缝、内标、Logo、领口、袖口等，细节图越多，买家看得越清楚，就越了解商品。如图 1-37 所示，在该商品的展示中，卖家使用多幅图片详细展示了商品的不同细节部位。

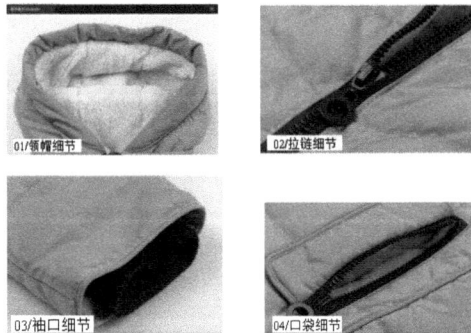

图 1-37　商品细节图展示

1.6.6　使用真人模特实拍

商品图片不仅要清晰、漂亮，还要向买家传达丰富的商品信息，如商品的大小、质感等。对于经营服装、包包、饰品等商品的卖家，可以采用真人模特实拍的方法来解决这些问题。

一些服装店在采用真人模特实拍的方式展示商品时，还会公布模特的身高、体重、三围等指标，这样不但可以明确服装尺寸，还可以方便买家对比穿着的效果。同时，在拍摄过程中模特还会摆出各种姿势，更能显示出服装的版型和试穿效果。相比单一的服装照片，这种用真人模特拍摄的照片更能吸引买家。图 1-38 所示为采用真人模特进行实拍。

图 1-38　真人模特实拍

利用真人模特拍摄商品图片，不仅能更好地展现商品的线条和样式，还能美化店铺，吸引买家的眼球，最终提高店铺的浏览量。

1.7　习题

1. 填空题

（1）生意参谋是阿里巴巴打造的首个卖家统一数据平台，其向全体卖家提供一站式、个性化、可定制的商务决策体验。它汇集了海量数据及店铺经营思路，不仅可以更好地为卖家提供＿＿＿＿＿＿＿＿、＿＿＿＿＿＿＿＿、＿＿＿＿＿＿＿＿等店铺经营的数据＿＿＿＿＿＿＿＿、＿＿＿＿＿＿＿＿、＿＿＿＿＿＿＿＿、＿＿＿＿＿＿＿＿等功能，还能更好地分析店铺的经营现状。

（2）网店推广中常见的工具有＿＿＿＿＿＿＿＿、＿＿＿＿＿＿＿＿、＿＿＿＿＿＿＿＿，它们分别有三种不同的付费形式：＿＿＿＿＿＿＿＿按照点击次数付费，＿＿＿＿＿＿＿＿按照每千次展现付费，＿＿＿＿＿＿＿＿则根据成交量以佣金形式付费。

（3）＿＿＿＿＿＿＿＿是面向全网精准流量实时竞价的展示推广平台。其以精准定向为核心，为卖家提供精准定向、创意策略、效果监测、数据分析等一站式全网推广投放解决方案，帮助卖家实现更高效、更精准的全网数字营销。

（4）_____是为卖家量身定制的，帮助卖家快速提升流量、按成交付费的精准推广服务。_____按成交计费，不成交不计费，这样卖家没有任何推广风险。

2．简答题

（1）网店流量有哪些常见指标？

（2）淘宝开店要做好哪三大指标？

（3）网店如何撰写具有吸引力的商品标题？

（4）如何撰写精彩的商品描述？

第 2 章

直通车

开店指导

直通车是店铺推广的得力助手，具有广告位佳、针对性强和按效果付费等优势。直通车的核心作用是提升流量、吸引新卖家，通过增加点击量来提升店铺的综合评分，从而增加自然搜索量。卖家的直通车用得好，就可以打造出爆款商品。

2.1 直通车概述

直通车根据商品设置的关键词将商品进行排名展示，然后按照点击量进行扣费。直通车推广带来的流量远远高于其他推广工具带来的流量。

2.1.1 直通车定义

直通车是一款付费推广工具，投放在淘宝、天猫等站内及站外平台，以获得卖家需求的流量。直通车推广在给商品带来流量的同时，其精准的搜索匹配也给店铺带来了精准的潜在买家。

直通车推广使买家只需点击一下就可以进入店铺，降低了店铺整体的推广成本，提高了店铺的关联营销效果。同时，直通车还给买家提供了淘宝网首页热卖单品活动、各个频道的热卖单品活动，以及各类直通车用户专享活动。

直通车实现推广的原理具体如下。

（1）直通车针对卖家运营计划建立推广计划，接着在计划中添加商品，然后针对商品设置关键词、标题、创意、投放等，最后通过卖家竞价的方式展现商品。

（2）当买家在淘宝网通过输入关键词，或按照商品分类进行搜索时，直通车就会以图文并茂的形式展现推广中的商品。

（3）如果买家通过关键词或商品分类进行搜索后，在直通车展示位点击商品，系统就会根据卖家设置的关键词或商品类目的出价来进行扣费。

2.1.2 直通车展示位

直通车展示位一般在如下位置。

（1）当买家在淘宝网中输入关键词进行搜索时，搜索结果页面右侧"掌柜热卖"一栏就是直通车展示位，如图 2-1 所示。

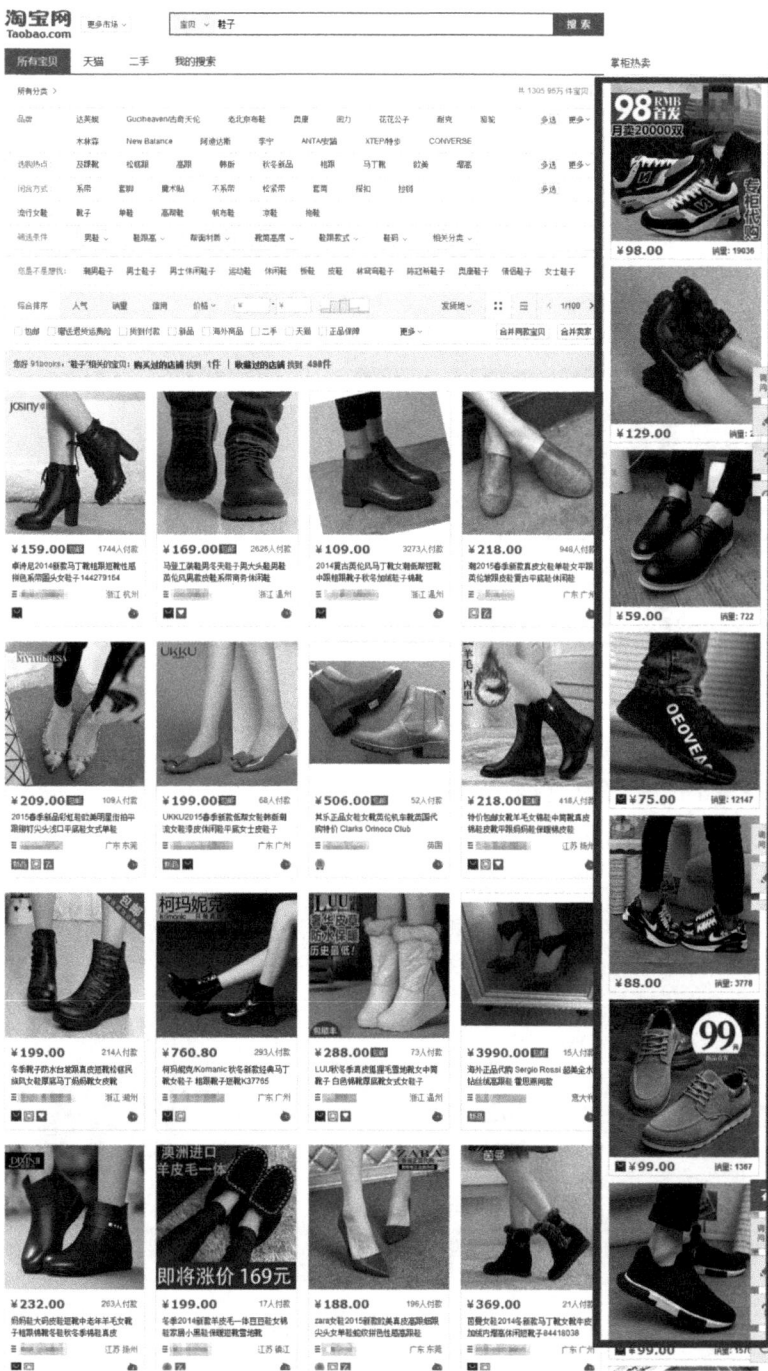

图 2-1　搜索结果页面右侧的直通车展示位

（2）除了在搜索结果页面的右侧有直通车展示位，在搜索结果页面的下端也会出现 5 个直通车展示位，如图 2-2 所示。

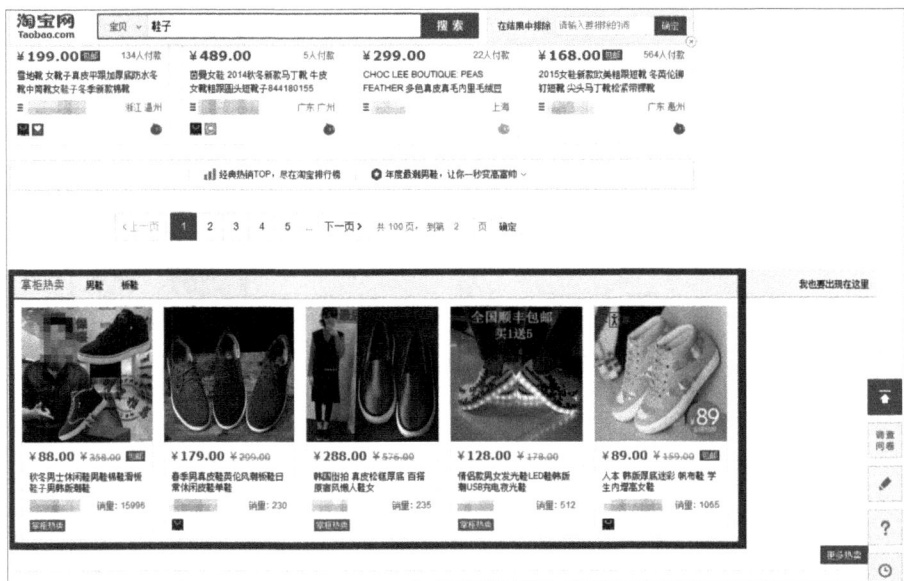

图 2-2　搜索结果页面下端的直通车展示位

（3）如果买家不使用关键词搜索，而是直接进入淘宝分类频道页面进行类目搜索，那么在打开的分类页面中，右侧"掌柜热卖"的位置就是直通车展示位，如图 2-3 所示。

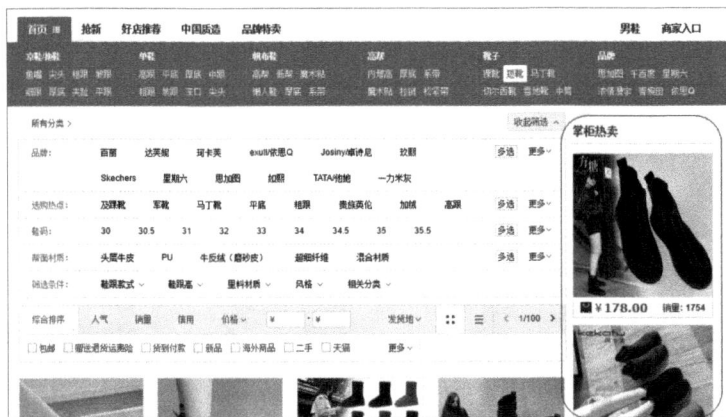

图 2-3　分类页面右侧"掌柜热卖"的直通车展示位

（4）天猫的直通车展示位在搜索结果页面下方的推广位置，显示为"掌柜热卖"，只要是天猫卖家，且已加入天猫直通车，其商品就有可能在该位置展现，如图 2-4 所示。

图 2-4　天猫搜索结果页面下方"掌柜热卖"的直通车展示位

（5）另外，淘宝搜索结果页面左侧第一的位置即为直通车展示位，如图 2-5 所示，带有"掌柜热卖"字样的商品就是直通车推广的商品。

图 2-5　淘宝搜索结果页面左侧第一的位置为直通车展示位

2.1.3　直通车的扣费原理

直通车推广往往能给店铺带来巨大的流量，那么直通车的扣费原理是怎样的呢？

（1）当买家搜索卖家设置的关键词，卖家的商品出现在直通车展示位上时，买家点击商品才收费，不点击则不收费。

（2）卖家为关键词设置的价格，是卖家愿意为该关键词带来一次点击付出的最高价格，当商品被点击时，扣费将小于或者等于卖家的出价。

（3）直通车没有任何服务费，卖家第一次开户需要预存 500 元，而这全部是广告费，当系统开始做直通车推广后，买家点击产生的费用就从这里面扣除。

（4）直通车扣费公式是"实际扣费=下一名出价×下一名质量得分/卖家的质量得分+0.01 元"。我们所看到的质量得分（1～10 分），实际上是经过比较并四舍五入后的结果。

（5）卖家关键词的排名有高低之分。同一个关键词，出价高的在上面，依次类推，类似于百度的竞价推广，因此新手卖家需要学习关键词设置技巧及成本控制方法。

2.1.4　直通车的优势

直通车把潜在的买家带到店铺中，便给店铺带来了流量。有了流量，卖家就能运用自己的优势，给自己的店铺带来订单。直通车具体有以下几点优势。

（1）节省成本。免费展示，只有买家点击才付费，并且进行点击的买家一般是具有购买意向的。卖家可以自由设置日消费限额、投放时间、投放地域，有效控制推广成本。如图 2-6 所示，卖家可以精准设置投放地域，有效控制推广成本。

图 2-6　精准设置投放地域

（2）精准推广。被直通车推广的商品，只有买家主动搜索时才能看到。直通车可以将商品精准推广给有购买意向的潜在买家。

（3）直通车能给整个店铺带来流量，虽然推广的是单件商品，但很多买家都会进入店铺去浏览。一次点击带来的可能是几件商品的成交，这是直通车推广的最大优势。

（4）卖家可以参加更多的淘宝促销活动，还有机会参加不定期的直通车用户专享促销活动。

（5）卖家可以免费参加直通车培训，并且可以受到优秀的直通车工作人员指点以优化推广方案，迅速掌握直通车推广技巧。如图 2-7 所示，卖家可以免费参加直通车培训。

图 2-7　直通车培训

（6）直通车可以提供给卖家多个渠道进行引流，如淘宝站内、淘宝站外，如图 2-8 所示。选择"网站列表"选项，可显示更多淘宝站外网站，如图 2-9 所示。

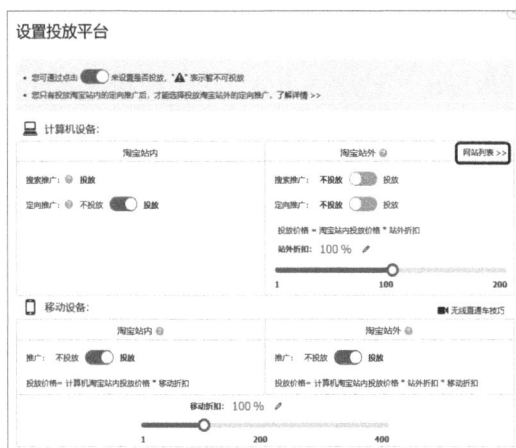

图 2-8　多渠道引流

图 2-9　显示更多淘宝站外网站

2.2   开通直通车的具体操作步骤

在对直通车的基本原理和概念有了初步了解之后，卖家就可以开通直通车了。其具体操作步骤如下。

（1）卖家登录淘宝网，进入卖家中心，单击"营销中心"下的"我要推广"按钮，如图2-10所示。然后进入"我要推广"页面，单击"淘宝/天猫直通车"按钮，如图2-11所示。

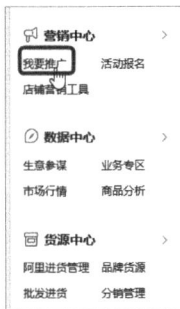

图 2-10   单击"我要推广"按钮　　图 2-11   单击"淘宝/天猫直通车"按钮

（2）进入"淘宝直通车"页面后，卖家可以看到"账户未激活"的信息，然后单击"我要充值"按钮，如图2-12所示。

图 2-12   单击"我要充值"按钮

（3）打开"充值"页面，选择好充值金额后，单击底部的"立即充值"按钮，如图2-13所示。充值完成以后，直通车就完成开通并可以使用了。

图 2-13 单击"立即充值"按钮

2.3 素材准备

要进行直通车推广，卖家需要准备三种必不可少的素材：推广主体、创意主图、关键词。

2.3.1 推广主体

推广主体可以是某一款商品，或者是店铺中的某一个页面。如果推广主体是商品，卖家就要使用商品推广模块进行投放；如果推广主体是店铺中的某一个页面，卖家就要使用店铺推广模块进行投放。

卖家在选择要进行直通车推广的商品时，最好选店铺中综合销量较高的商品。具体可以从以下几点进行综合考虑。

（1）选择累计销量多的商品，这种商品进行直通车推广可以达到最佳效果，如图 2-14 所示。

图 2-14 累计销量多的商品适合进行直通车推广

有些卖家选择一件销量也没有的商品进行直通车推广，显然会影响推广效果。买家都有从众心理，如果商品有大量的销售记录，客户购买时自然就会放心。

（2）信用度在1钻以下、好评率低于95%的卖家做直通车推广的效果不会太理想。

（3）个性化、有特色的商品选择直通车推广效果会更佳。个性化商品是指具有独特功能或特点的商品。有些卖家推荐的商品，虽然质量好、价格低，但是没有任何特色，销量不会太好。

（4）商品详情页的内容要丰富，图片背景要清晰，从而可以突出商品，如图2-15所示。

新开店铺在没有成交量时，如果直接使用直通车推广，通常转化率会比较低。因为直通车推广虽然带来了流量，但是如果买家来到店铺里，发现商品没有成交量，且店铺的信誉又很低，通常只浏览一下就退出了，很少有买家会直接购买。

图 2-15　商品图片背景清晰

2.3.2　创意主图

创意主图是影响买家点击的一个重要方面，买家通过搜索从直通车展示位最先看到的就是创意主图和标题，创意主图的质量在很大程度上影响了点击率。那么在创意主图的设计和运用过程中，卖家要注意哪些事项呢？

（1）直通车推广的商品的创意主图多是正方形的，如图2-16所示。

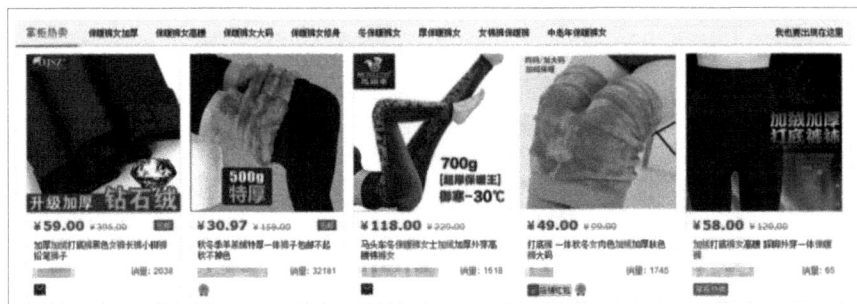

图 2-16　直通车推广的商品的创意主图

（2）一幅创意主图尽可能只放一件商品。由于直通车展示位的空间有限，商品件数越多，单件商品就越不突出。

（3）尽量不要把太多商品细节"硬塞"进创意主图里。

（4）创意主图要清晰、特点突出。作为直通车推广的图片，其清晰度是最重要的。如图 2-17 所示，该商品创意主图清晰、特点突出。

图 2-17　创意主图要清晰、特点突出

（5）创意主图的文案要突出卖点，内容要简单、易懂。对于直通车推广的商品，卖家必须精准地提炼出其卖点。创意主图上的文字搭配也是设计创意主图时至关重要的一环，如果处理不当，就会影响点击量。如图 2-18 所示，每幅创意主图的文案都有卖点，一目了然，能很快引起买家的注意。

图 2-18　每个主图文案都有卖点

（6）促销信息。创意主图中的促销信息也是影响点击率的一个重要因素，如今消费者更喜欢有促销活动的商品，所以在进行直通车推广时，卖家一定要将促销折扣信息添加到创意主图中以提高点击率。如图 2-19 所示，其创意主图中添加了"包邮"和"4 折促销"的信息。

（7）适时制造紧迫感。如果创意主图上的信息能给买家传达一种紧迫感，那其点击效果比没有紧迫感的图片效果要好。如图 2-20 所示，创意主图中添加了"最后一天"和"限时秒杀"的文字以制造紧迫感。

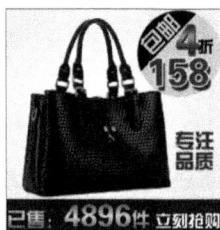

图 2-19　添加促销折扣信息

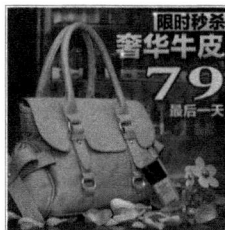

图 2-20　制造紧迫感

2.3.3　关键词

关键词也是直通车推广的必备素材，买家一般会根据购物需求进行关键词搜索。这就需要卖家根据推广商品的实际情况，选择匹配的关键词，让有匹配购物需求的买家看到店铺的商品。

关键词是淘宝买家的搜索词，当买家搜索该关键词时，被推广的商品将展现在直通车展示位上。既然关键词这么重要，那么卖家该怎么选择关键词呢？有哪些选择方法呢？

（1）可以使用商品标题中的关键词，如图 2-21 所示。

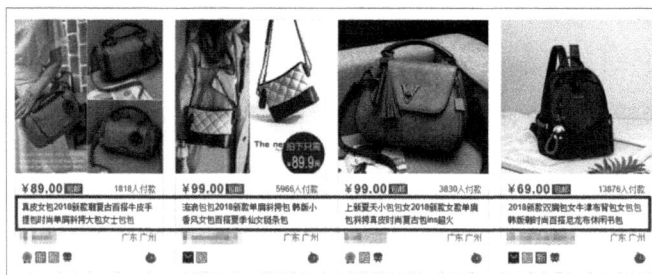

图 2-21　商品标题中的关键词

（2）使用商品详情里的属性词，如图 2-22 所示。

产品参数：

上市时间: 2018年春夏	大小: 小	流行款式名称: 菱格链条包
适用对象: 青年	销售渠道类型: 纯电商(只在线上销售)	款式: 单肩包
背包方式: 单肩斜挎	质地: PU	材质工艺: 软面
提拎部件类型: 软把	闭合方式: 拉链	内部结构: 卡位 拉链暗袋 手机袋
箱包外袋种类: 挖袋	流行元素: 菱格	图案: 格子
颜色分类: 卡其配黑-小号升级版 卡其配...	有无夹层: 无	箱包硬度: 软
是否可折叠: 否	成色: 全新	适用场景: 休闲
品牌: Somay	货号: S149	风格: 时尚潮流
形状: 横款方形	肩带样式: 双根	里料材质: 涤纶

图 2-22　商品详情里的属性词

（3）使用淘宝网首页搜索下拉框中的关键词，如图 2-23 所示。

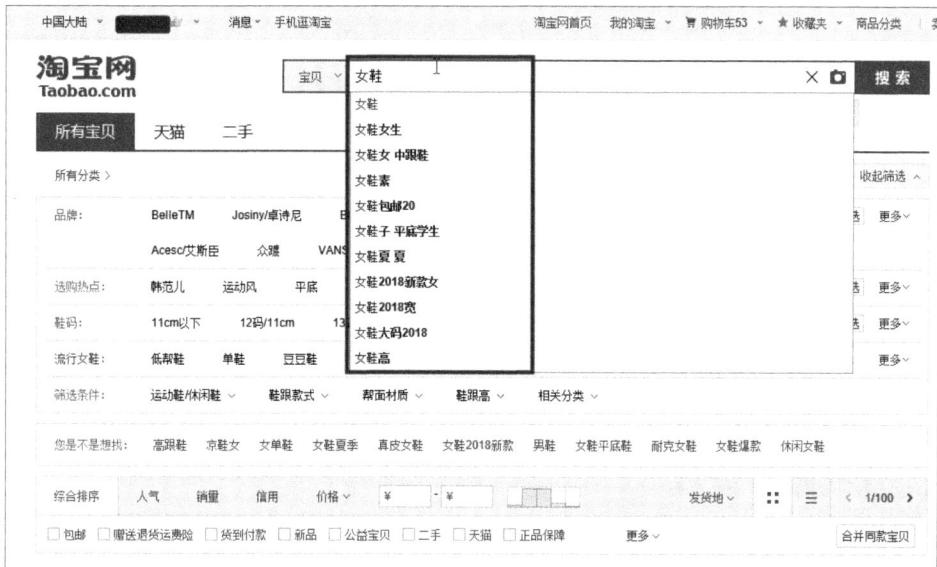

图 2-23　淘宝网首页搜索下拉框中的关键词

（4）使用淘宝网搜索结果页面中的"你是不是想找"及更多筛选条件中的关键词，如图 2-24 所示。

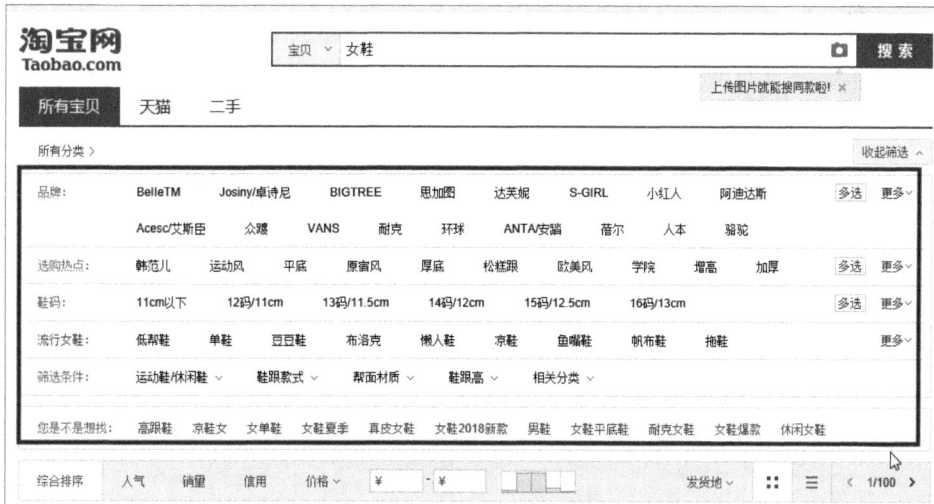

图 2-24　更多筛选条件中的关键词

（5）使用淘宝网类目词中的关键词，如图 2-25 所示。

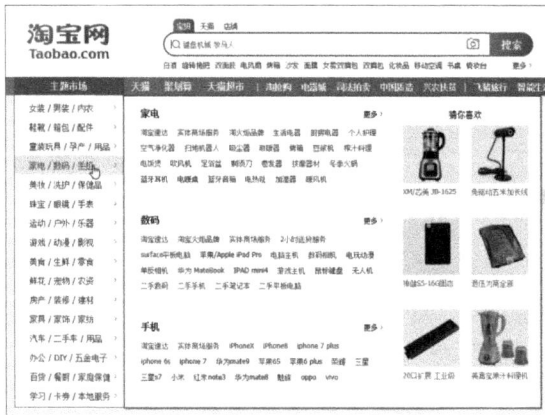

图 2-25   淘宝网类目词中的关键词

2.4   直通车操作流程

直通车是淘宝、天猫卖家重要的吸引流量的工具，因此很多卖家把直通车活动作为展现自己店铺营销策略的主战场。下面笔者将以淘宝直通车为例，具体介绍淘宝直通车的操作流程。

2.4.1   直通车新手版的操作步骤

对于卖家来说，直通车确实很有效但也需要成本，很多店铺运营新手还不知道该怎么进行操作，下面笔者将介绍直通车新手版的操作步骤。

（1）在"淘宝直通车"页面单击"新建推广计划"按钮，如图 2-26 所示。

图 2-26   单击"新建推广计划"按钮

（2）接着打开"新建计划名称"页面，然后填写推广计划名称最后单击"下一步"按钮，如图 2-27 所示。

图 2-27　填写推广计划名称

（3）进入"选择宝贝"页面，选择要推广的宝贝，然后单击后面的"下一步"按钮，如图 2-28 所示。

图 2-28　选择要推广的宝贝

（4）然后进入"推广设置"页面，卖家可以设置计划日限额、默认出价上限，如图 2-29 所示。这样做，卖家可以更好地控制每次点击的成本、每天的费用上限。

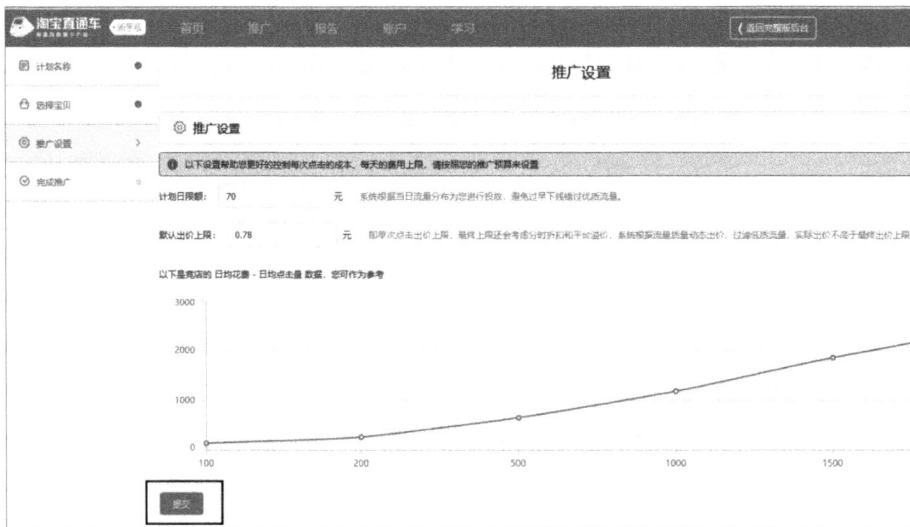

图 2-29 "推广设置"页面

（5）单击"设置推广"页面中的"提交"按钮，完成推广，图 2-30 所示为"完成推广"页面。

图 2-30 "完成推广"页面

2.4.2 新建宝贝推广

宝贝推广是淘宝直通车的基础的推广方式之一。使用宝贝推广，卖家除了可以获得精准的搜索流量，还可以通过对不同人群加价，以及对不同直通车展示位竞价来获取更丰富的定向流量。新建宝贝推广的具体操作步骤如下。

（1）进入淘宝直通车后台，单击顶部的"推广"选项，如图 2-31 所示。

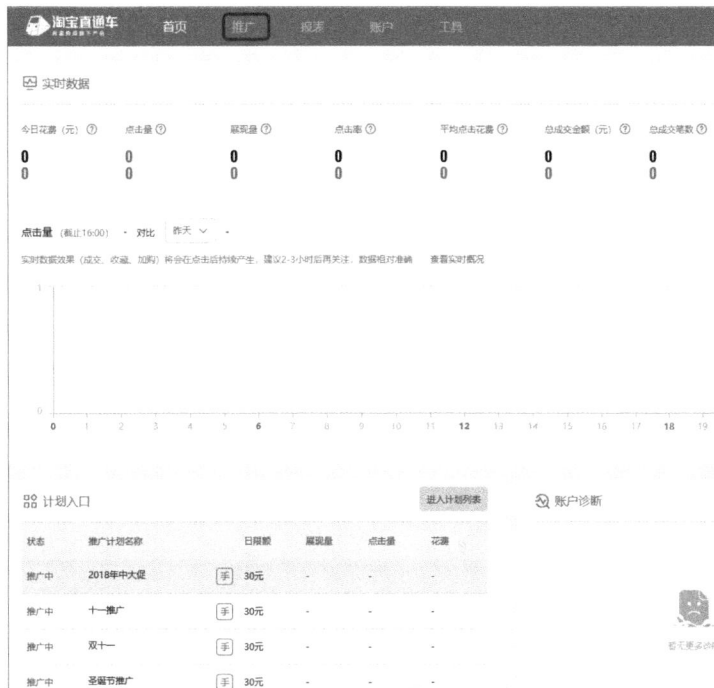

图 2-31 单击"推广"选项

（2）进入"全部推广计划"页面，如图 2-32 所示。

图 2-32 "全部推广计划"页面

（3）卖家可选择某种计划类型，单击进入"设置"页面，然后单击"新建宝贝推广"按钮，如图 2-33 所示。

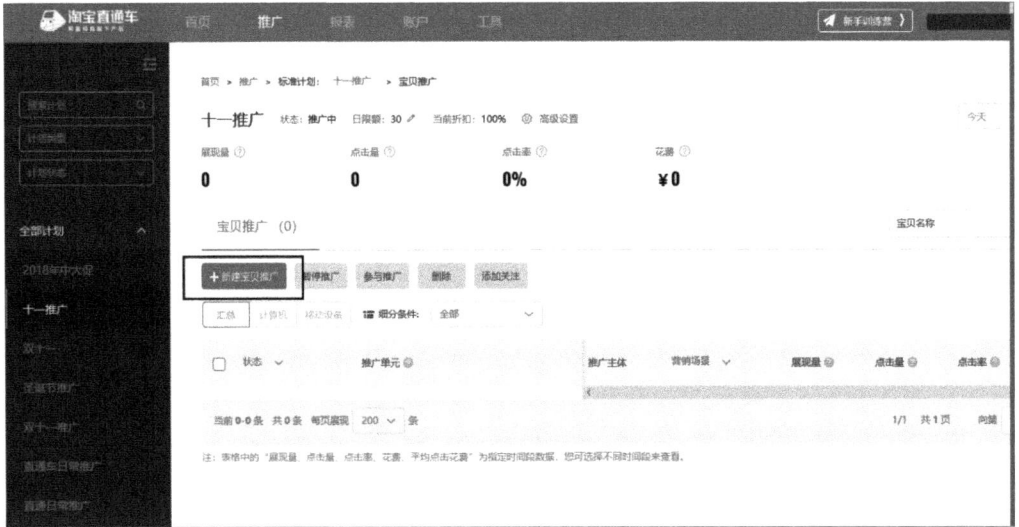

图 2-33　单击"新建宝贝推广"按钮

（4）进入"营销场景选择"页面，卖家在选择营销场景和推广方式后，可单击"下一步，进入推广设置"按钮，如图 2-34 所示。

图 2-34　"营销场景选择"页面

（5）进入"单元设置"页面，单击"添加宝贝"按钮，如图 2-35 所示。

图 2-35 单击"添加宝贝"按钮

（6）进入"宝贝选择"页面，选择要添加的宝贝，如图 2-36 所示。

图 2-36 选择要添加的宝贝

（7）选择宝贝后，单击"确定"按钮，进入"单元设置"和"创意设置"页面，如图 2-37 所示。

图 2-37　"单元设置"和"创意设置"页面

（8）进入"推广方案"页面，在这里卖家可以选择系统推荐的关键词及其他设置，然后单击"完成推广"按钮，如图 2-38 所示。

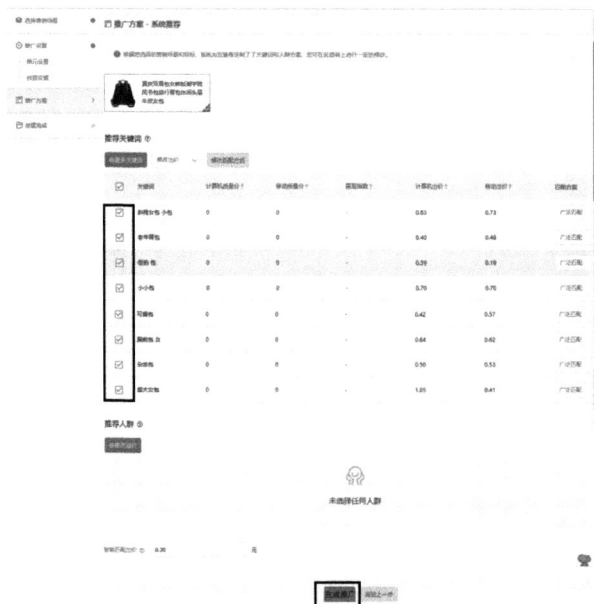

图 2-38　"推广方案"页面

（9）进入"创建完成"页面，可查看推广单元列表，如图 2-39 所示。

图 2-39　"创建完成"页面

2.4.3　设置推广计划

在淘宝直通车后台，卖家可以根据自己的需求和目标来设置自己的淘宝直通车推广计划。以"十一推广"为例，设置推广计划具体操作步骤如下。

（1）进入淘宝直通车后台推广计划的"十一推广"页面，选择其中的一件宝贝，如图 2-40 所示。

图 2-40　选择其中的一件宝贝

（2）进入"关键词"页面，单击"添加关键词"按钮，如图 2-41 所示。

图 2-41 单击"添加关键词"按钮

（3）进入"添加关键词"页面，卖家可以选择一些新的关键词添加，如图 2-42 所示。

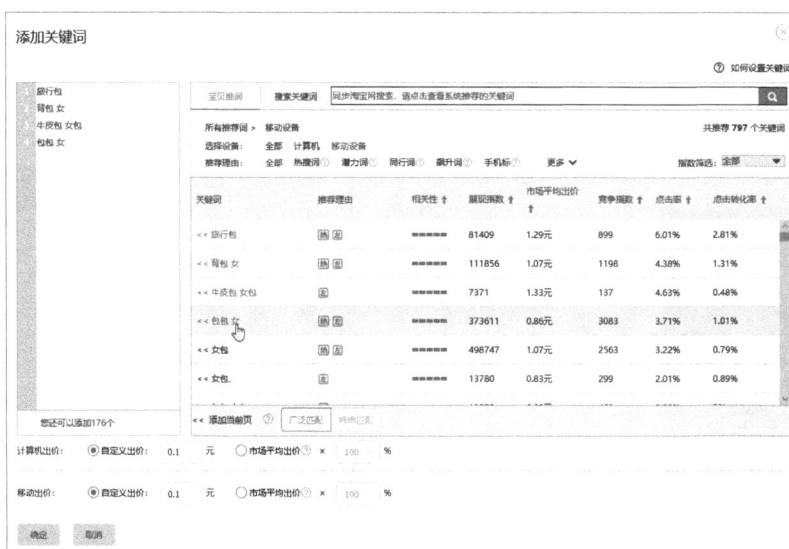

图 2-42 "添加关键词"页面

（4）关键词添加完成后，单击"精选人群"按钮，进入"精选人群"页面，如图 2-43 所示。精选人群的作用就是把宝贝推广展示到特定的买家人群面前，从而提高转化率。

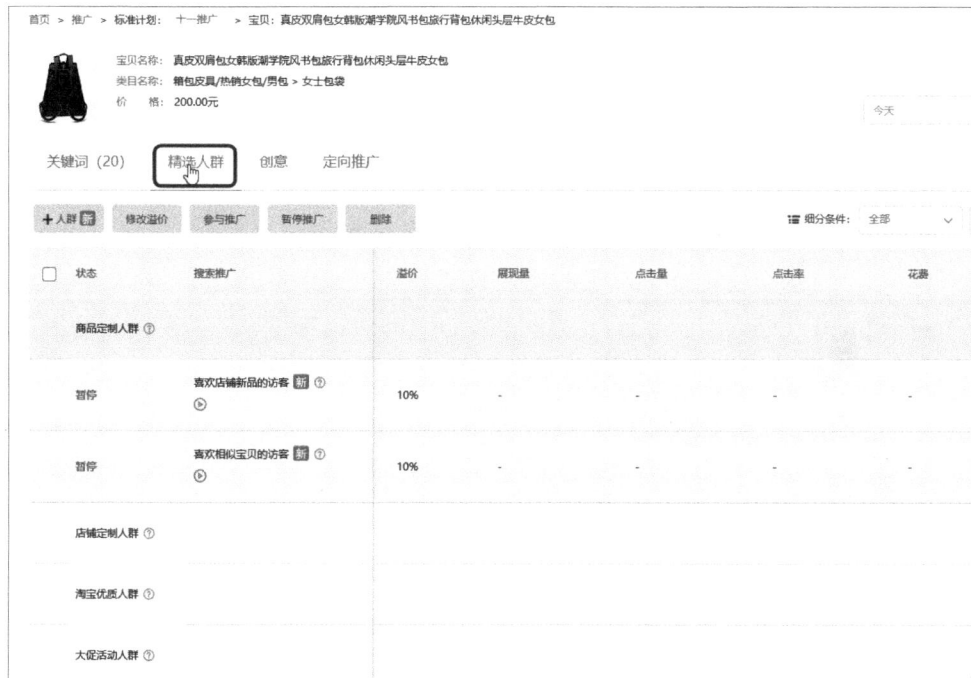

图 2-43　单击"精选人群"按钮

（5）单击"创意"按钮，进入"创意"页面，单击"添加创意"按钮，如图 2-44 所示。

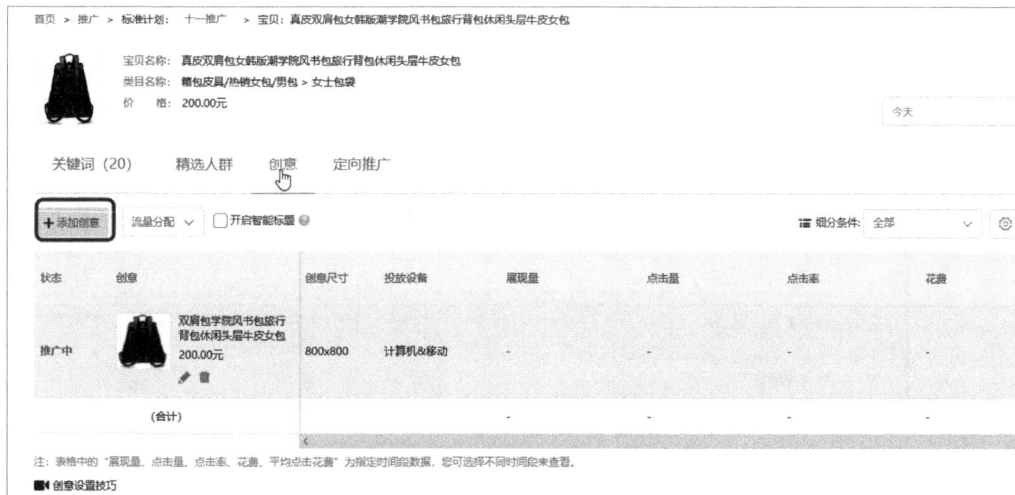

图 2-44　单击"添加创意"按钮

（6）进入"添加宝贝创意"页面，卖家可以选择创意图片和编辑创意标题，如图 2-45 所示。

图 2-45　"添加宝贝创意"页面

（7）选择"定向推广"选项，进入"定向推广"页面，如图 2-46 所示。与常规的关键词推广有所不同，定向推广可以针对投放人群和展示位置进行精准推广，能带来更精准的流量。

图 2-46　"定向推广"页面

（8）单击"访客定向"按钮，进入"访客定向"页面，如图 2-47 所示。访客定向主要有两种："喜欢我店铺的访客"和"喜欢同类店铺的访客"，这类访客由于近期展示过对该宝贝的需求，所以往往转化率会较高。

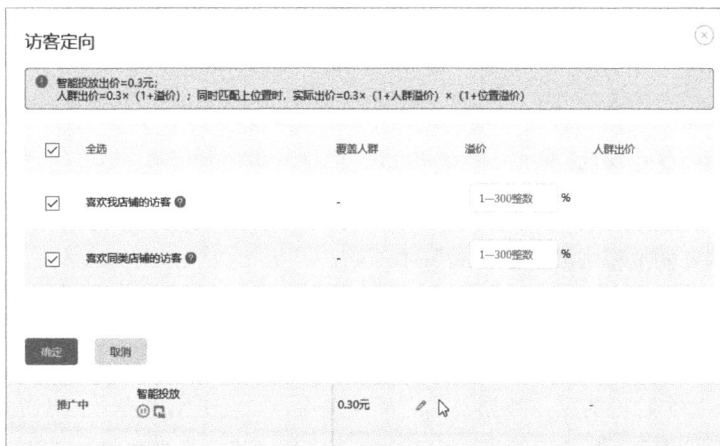

图 2-47　"访客定向"页面

（9）单击"购物意图定向"按钮，进入"购物意图定向"页面，系统会自动默认一些关键词，需要卖家根据宝贝特征，勾选组合关键词，如图 2-48 所示。购物意图定向的作用是根据宝贝的标题属性提炼出和宝贝相关的一些标签，然后将这些标签和买家的标签相匹配，这样匹配上的宝贝就有机会在直通车定向展位上进行展现了。购物意图定向类似于关键词推广，优势在于可以挖掘买家的潜在偏好，带来更精准的流量。

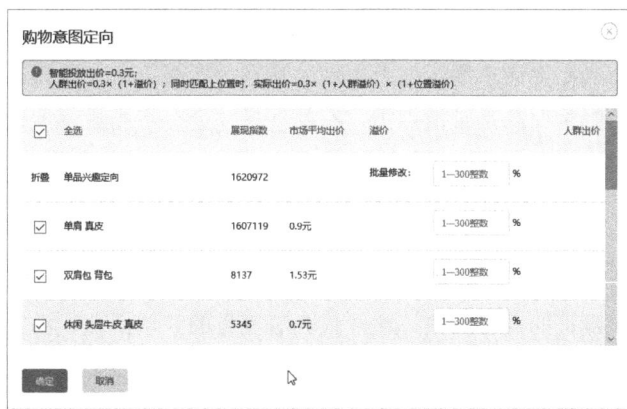

图 2-48　"购物意图定向"页面

2.5　直通车数据分析及优化

卖家利用直通车进行数据分析的目的很明确，就是想通过各项数据指标分析出直通车推广中存在的问题，从而进行优化，以提升投入产出比。

2.5.1   数据解读

数据解读是指卖家通过在直通车推广过程中获得的数据反馈，来评估推广的效果。卖家根据数据反馈采取相应的优化措施，然后通过数据反馈衡量措施的有效性，并且通过不断调整和评估，来获得更好的推广效果。

卖家在数据解读的过程中要把握一些基本原则。

首先，数据的基数很重要，如果数据的基数过小，是无法反映直通车推广的真实情况的。要适当延长数据获取周期，以获得更大的数据基数，来提高数据解读的有效性。

其次，要抓住每个阶段的重点数据及其之间的关系，如点击率不提升，点击量就可能较低，而点击量较低，转化率就不会稳定，因为点击量的基数不够。所以，要先解决点击率问题，从而提高点击量，稳定转化率。

2.5.2   数据选取及方案优化

直通车的数据指标非常多，不同的数据指标之间也有关联，卖家要抓住几项重点数据进行分析和解读。根据下面几项数据来改变直通车推广策略，会使店铺成功的概率大大提升。

1．展现量

展现量是指推广商品在直通车展示位上出现的次数，即买家在直通车展示位上看到商品的次数。展现量的高低直接影响商品是否被点击，有展现量才会有点击量。展现量越高，带来的流量就越多，商品成交就越多。影响展现量的因素有两个，分别是关键词投放的个数和关键词的全网搜索热度，关键词投放越多、全网搜索热度越高，那么展现量肯定会越高。

2．点击量

点击量是指一个关键词的点击次数，往往代表着流量的获取情况。卖家进行直通车推广的主要目的就是获取更高的销售额。卖家的商品被更多的人点击和浏览之后，他才会获得更多的销售机会，从而获得更高的销售额。

3．点击率

点击率是指点击量与展现量的比值，即"点击率=点击量/展现量"。在展现量一定的基础上，点击量越多，点击率就会越高。图 2-49 所示为关键词点击率的分析图。

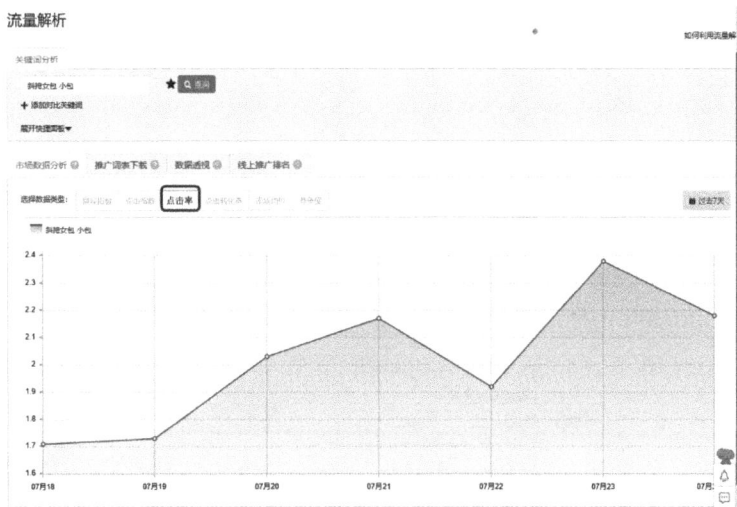

图 2-49　关键词点击率的分析图

点击率代表商品的流量获取能力。一般来说，商品推广素材的质量越高，商品的吸引力越强，点击率就越高，流量获取能力也就越强。

卖家提高点击率可以从以下几个方面入手。

（1）商品推广图。商品推广图创意的好坏直接影响点击率，卖家可以依靠文案与色彩的合理搭配来提高推广图的吸引力。卖家可以使用多幅推广图进行测试，保留点击率最高的那幅推广图。图 2-50 所示为成功的商品推广图。

图 2-50　成功的商品推广图

（2）卖家按照关键词点击率的排序，把展现量过高而点击率很低的关键词删除，提高那些点击率不错但展现量较少的关键词的出价，以此来提高点击率。

（3）卖家可将关键词匹配方式调整为精准匹配，使关键词展现在更精准的潜在买家面前，以提高点击率。

（4）卖家可依据直通车报表查看关键词在无线端的数据状况，并对无线端出价进行调整。无线端出价可以单独设置一个较高的出价。图 2-51 所示为在"添加关键词"页面中，批量调整无线端出价。

图 2-51　批量调整无线端出价

4．转化率

转化率也叫"点击转化率"，是成交笔数与点击量之比，即"转化率=成交笔数/点击量"，其是店铺最终能否盈利的关键。点击转化率的提升是店铺综合运营实力提高的结果。图 2-52 所示为流量解析页面中"斜挎女包 小包"关键词的点击转化率分析图。

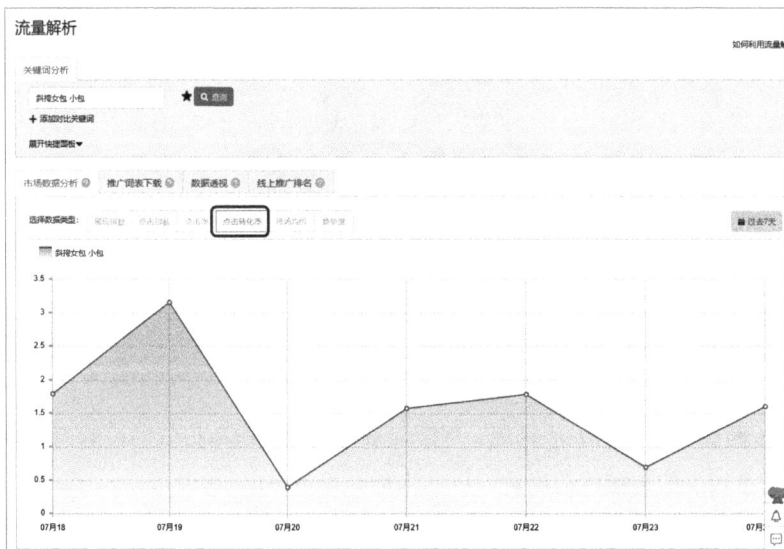

图 2-52　"斜挎女包 小包"关键词的点击转化率分析图

一个直通车推广计划里一定要有几个转化率高的关键词，这几个关键词是卖家要重点推广的。这些转化率高的关键词也可以添加到宝贝标题中，以提升宝贝的自然流量。转化率提升了，整个直通车推广计划的反馈也会越来越好，店铺才会进入不断盈利的良性循环中。

5. 日限额

日限额是卖家设置的每日最高限额。日限额可以控制推广成本，卖家可以根据预算水平，在后台进行日限额的设置。如果当日直通车推广花费没有达到日限额，系统会根据实际花费进行结算，而当总花费达到日限额时，所有进行推广的商品都会下线。在日限额之内，卖家可以根据情况适当加大一些推广投入。直通车推广计划的权重跟卖家推广的花费和时间的长短有关，即日限额设置得越高，权重会上升得越快。图 2-53 所示为"设置日限额"页面。

图 2-53　"设置日限额"页面

6. 平均点击单价

平均点击单价=花费/点击量，代表卖家获取每次点击所支付的成本。每次点击支付的成本越低，可以获取的流量就越多。这个数据很重要，降低平均点击单价是推广活动的重要目标之一。

7. 客单价

客单价在 1.2.2 节中已经介绍过，提升淘宝客单价的营销工具有"满就送（减）"活动、搭配套餐、优惠券等，卖家开通这些工具即可使用。

8. 投入产出比

投入产出比代表投入广告预算后，可以获取的销售额产出比例。投入产出比越高，投入同样的广告预算后获取的销售额就越高。投入产出比是直通车用户最为关心的核心数据之一，因为推广本身就是为了盈利，而投入产出比就是一个衡量该渠道是否已经在盈利的数据。

2.6　习题

1. 填空题

（1）_____推广使买家只需点击一下就可以进入店铺，降低了店铺整体的推广成本，提高了店铺的关联营销效果。同时，_____还给买家提供了淘宝网首页热卖单品活动、各个频道的热卖单品活动，以及各类直通车用户专享活动。

（2）要进行直通车推广，卖家需要准备三种必不可少的素材：_____、_____、_____。

（3）数据解读是指卖家通过在直通车推广过程中获得的_____来评估推广的效果。卖家根据数据反馈采取相应的优化措施，然后通过数据反馈衡量措施的有效性，并且通过不断调整和评估，来获得更好的_____。

（4）_____是卖家设置的每日最高限额。_____可以控制推广成本，卖家可以根据预算水平，在后台进行_____的设置。如果当日直通车推广花费没有达到_____，系统会根据实际花费进行结算，而当总花费达到_____时，所有进行推广的商品都会下线。

（5）_____代表卖家获取每次点击所支付的成本。每次点击支付的成本越低，可以获取的流量就越多。这个数据很重要，降低平均点击单价是推广活动的重要目标之一。

2. 简答题

（1）直通车展示位在哪里？

（2）直通车推广有哪些优势？

（3）网店如何开通直通车推广？

（4）开通直通车推广需要准备哪些素材？

（5）直通车操作流程是怎样的？

第 3 章

智钻展位

开店指导

　　智钻展位是淘宝网推出的一种展示广告的平台。凭借淘宝网的海量用户数据，智钻展位开放多种维度的定向展示功能，能够帮助卖家精确锁定潜在买家、找回流失人群。智钻展位的竞价结果不仅可以在联盟网站上显示，还可以在淘宝网页上展示。

3.1　智钻展位的概述

智钻展位是淘宝网图片类广告位竞价投放平台，是淘宝网为卖家提供的一种营销工具。智钻展位依靠图片创意吸引买家进行点击，从而获取巨大流量。

3.1.1　智钻展位的定义

智钻展位对于店铺的成长帮助非常大，卖家可以通过这个工具让更多的买家看到自己的店铺，进入自己的店铺，知道自己的品牌。

智钻展位不仅为卖家提供了丰富、全面的统计数据，同时还为其提供广告优化服务。无论是广告投放设置还是后续行为，智钻展位都会进行监测和分析，让卖家了解如何优化广告投放，从而能最大限度地提升广告投放的效果。

智钻展位是为有更多信息发布需求的卖家量身定制的产品，其精选了淘宝网的优质展示位置。如图 3-1 所示，箭头所指位置为淘宝网首页的智钻展位。

图 3-1　淘宝网首页的智钻展位

智钻展位具有如下优势。

（1）范围广。覆盖全国 80%的网购人群，每天有超过 10 亿次的展现机会。

（2）展现效果好。广告展现形式绚丽，不仅支持静态图片格式，还支持 GIF、Flash 等动态图片格式，而且尺寸比较大、视觉冲击力强，可以最大限度地吸引买家进入店铺，如图 3-2 所示。

图 3-2　绚丽的智钻展位

（3）超优产出。按照展现次数收费，不展现不收费，可以自由组合信息发布的时间、位置、费用等。统计报告和效果优化服务可以让卖家的每一分钱都花得明明白白。

（4）定向准。目标指向性强，可定向展现给主流购物人群，直接生成订单。

（5）实时竞价。投放计划可以随时调整，卖家可以实时参与竞价。

3.1.2　智钻展位与直通车的区别

直通车和智钻展位都是通过广告位展示的形式来展现所要推广的商品，都具有广告轰炸效果。直通车是按照商品的形式展现在搜索页面的右侧、底部或者搜索页面的第一个结果，而智钻展位的位置则有很多个。

直通车与智钻展位的区别主要有如下几点。

（1）广告形式不同。直通车的广告形式比较单一，且广告图片尺寸较小。智钻展位广告图片的尺寸则足够大，可以更好地展示商品信息，曝光率也高，再加上精美的广告设计效果，往往能够获得较多的点击量，使店铺的流量猛增。图 3-3 所示为直通车的广告图，图 3-4 所示为智钻展位的广告图。

图 3-3　直通车的广告图　　　　图 3-4　智钻展位的广告图

（2）直通车不是一家店铺的单独广告展示，而是很多家店铺商品的集中展示，容易分散买家的注意力。买家进行搜索后，也不一定点击直通车广告所展示的商品。如图 3-5 所示，搜索结果页面右侧有直通车展示图，除非产品与价格足够吸引人，否则点击率并不一定很高，未必能使店铺流量猛增。智钻展位广告单独投放，投放效果取决于图片创意，因此对图片要求高，可以通过设计或者拍摄抢眼的图片来吸引买家的注意力。

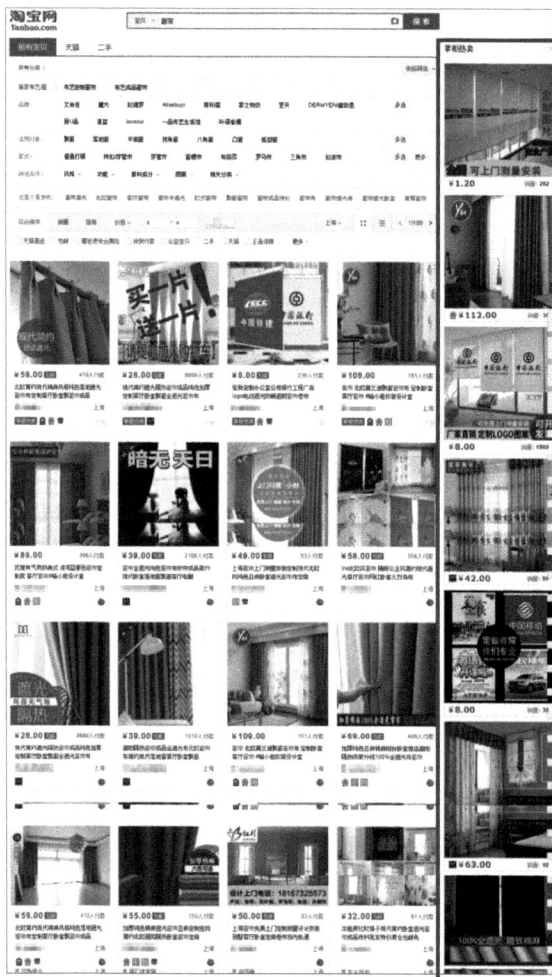

图 3-5　搜索结果页面右侧的直通车展示图

（3）直通车的竞价方式与智钻展位不同。直通车的竞价方式是卖家争抢商品排名，而智钻展位的竞价方式则是卖家竞争优先投放的权利。

这两种展位竞价方式的区别很好理解。直通车展示位是出价最高的卖家的广告排在最前面，而智钻展位则是出价最高的卖家的广告获得被优先投放的权利，也就是说出价最高的卖家的广告先被投放，投放完毕后才轮到出价在第二名的卖家投放广告。至于卖家广告展示多久，和广告竞价的高低无关，而要看卖家的预算，如果预算充足，广告的展示时间就会长一些。

3.1.3 智钻展位的展现位置

智钻展位会展现在淘宝、天猫首页，各个二级频道首页，淘宝无线 App 端，以及淘宝站外如新浪微博等各大网络平台。

（1）淘宝网首页中间大尺寸广告图的位置就是智钻展位，如图 3-6 所示。

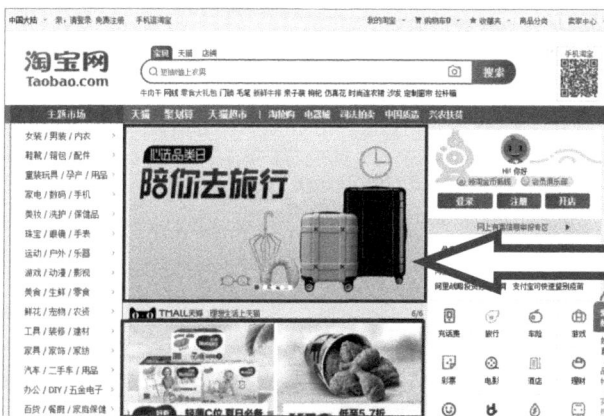

图 3-6 淘宝网首页的智钻展位

（2）二级频道首页的大尺寸展位就是智钻展位，如图 3-7 所示。

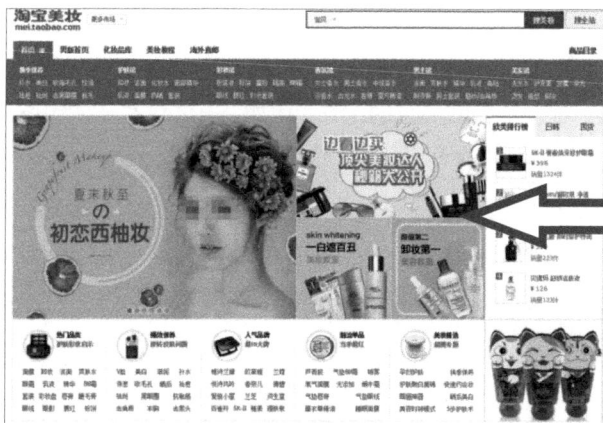

图 3-7 二级频道首页的智钻展位

（3）卖家可以在智钻展位后台的"资源位市场"页面中查看更多的智钻展位，如图 3-8 所示。

图 3-8 更多的智钻展位

3.1.4 智钻展位的定向

每位访问淘宝网的买家，都会进行搜索、浏览、收藏购买等各种行为，系统会根据这些行为给这些买家打上各种标签，这就是智钻展位的定向。比如，一位买家在淘宝网上经常购买婴儿产品，那么系统就会给其打上"母亲""女性"等标签。

在设置定向时，我们可以通过智钻展位系统来圈定这些已打上标签的买家，从而实现只把广告创意展现给这部分买家的目的。因此，具有不同标签的买家，在同一时间打开智钻展位的广告位，看到的广告都是不一样的。卖家可以通过合理的定向设置，把广告展现给有需求的买家，从而获得更好的广告效果。

现阶段的智钻展位定向有"营销场景定向""相似宝贝定向""类目型定向—高级兴趣点""店铺型定向""达摩盘_平台精选""访客定向""通投""行业店铺定向""智能定向"几种方式，每种定向方式都有自己的特色，并且在不同阶段，不同店铺采取的策略都是不一样的。图 3-9 所示为智钻展位常见的定向方式。

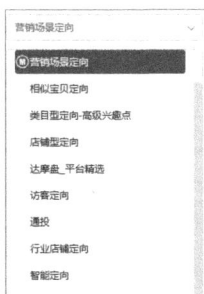

图 3-9　智钻展位常见的定向方式

3.1.5　智钻展位的扣费模式

智钻展位支持按展现收费（Cost Per Mille，简写为 CPM）和按点击收费（Cost Per Click，简写为 CPC）两种扣费模式。

1. 按展现收费（CPM）

按 CPM 收费，即按照每千次展现收费，点击不收费。按照卖家竞价高低进行排名，价高者优先展现。这种模式的特点是能够精准化圈定人群。

例如，某卖家出价 8 元，那么其广告被人看到 1000 次就会支付 8 元。智钻系统会自动统计展现次数，并在智钻后台报表中给予反馈。如果广告的展现不满 1000 次，则系统会自动折算收费。

扣费公式：实际扣费=按照下一名 CPM 结算价格+0.1 元

2. 按点击收费（CPC）

按 CPC 收费，即按照点击收费。在该投放模式下，系统将"点击出价"折算成"千次展现的价格"。折算后的出价将与其他卖家进行竞争，价格高的卖家广告被优先展示。这种模式的特点是点击成本可控。

3.2　如何开通智钻展位

卖家开通淘宝网的智钻展位的具体操作步骤如下。

（1）首先，卖家登录淘宝的卖家中心，选择"营销中心"栏目下的"我要推广"选项，如图 3-10 所示，然后在打开的"我要推广"页面中选择"钻石展位"选项，如图 3-11 所示。

图 3-10　选择"我要推广"选项

图 3-11　选择"钻石展位"选项

（2）这时系统将自动转入智钻首页，卖家输入登录名和登录密码即可成功登录智钻后台，如图 3-12 所示。

图 3-12　智钻首页

3.3　智钻展位的投放流程

智钻展位可帮助卖家实现更高效、更精准的店铺推广。下面笔者将介绍智钻展位的投放流程。

3.3.1 选择资源位

选择优质的资源位是智钻展位推广最关键的一步。选择资源位时，卖家一定要寻找那些点击率高且日均展现量较高的展位，然后加入收藏，进行投放测试。如果效果不错，卖家可选择进行长期投放。

资源位包括手机淘宝资源位和 PC 端资源位，其中手机淘宝资源位占据了重要的部分。选择资源位的具体操作步骤如下。

（1）卖家进入智钻首页，单击顶部的"资源位"按钮，如图 3-13 所示。

图 3-13 单击"资源位"按钮

（2）进入"资源位市场"页面，卖家在此页面可以查看各个资源位的信息，应重点关注媒体信息、创意要求、日均可竞流量、点击率等数据，并且选择流量大、点击率高的资源位，如图 3-14 所示。

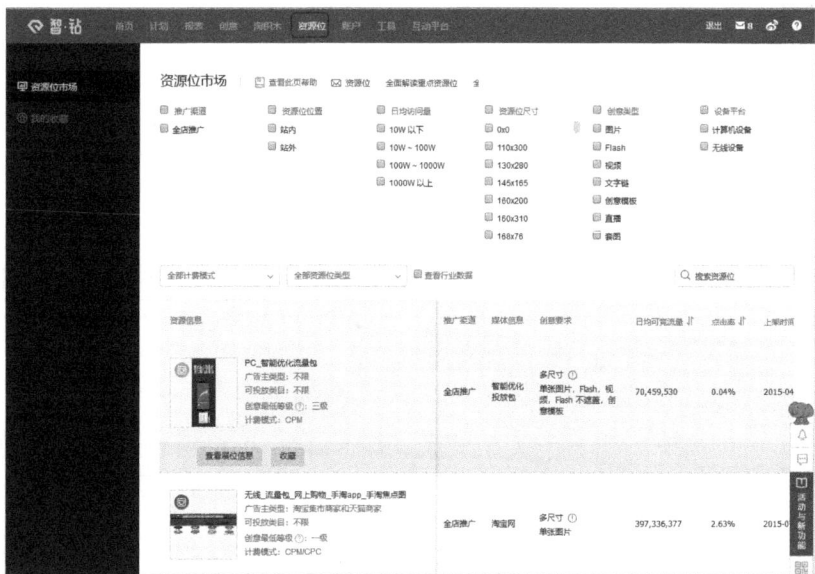

图 3-14 "资源位市场"页面

（3）先选择相对优质的位置来测试投放效果。建议新手优先选择站内的资源位，即名称带有"网上购物"字样的资源位，如图 3-15 所示。

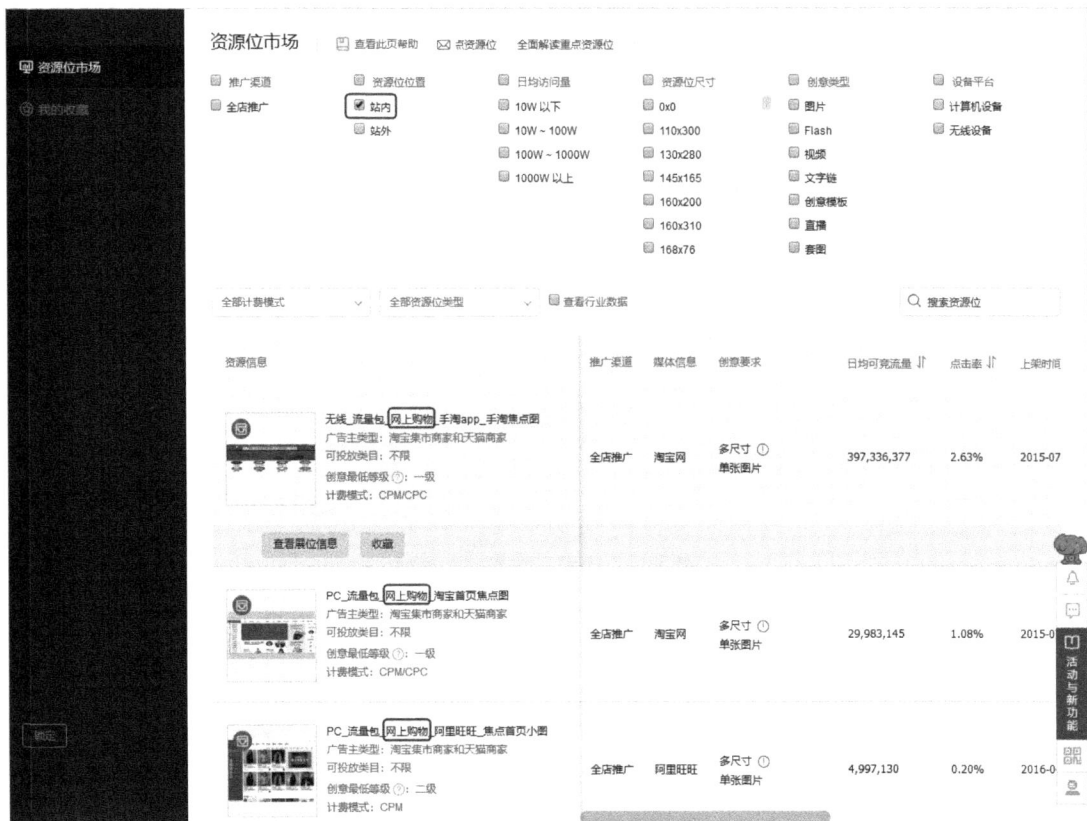

图 3-15 选择站内的资源位

（4）卖家可以按照"综合推荐指数"排序，选择排名靠前的资源位，如图 3-16 所示。建议卖家由少到多地选择资源位，通过投放测试来选择适合店铺的资源位，然后根据预算来调整资源位的个数。

图 3-16　按照"综合推荐指数"排序选择资源位

3.3.2　制作和上传创意

智钻展位的创意尤为重要，因为是将广告内容直接展示给对应人群，所以创意有没有吸引力，决定了智钻展位能否吸引人群点击并进入店铺。智钻展位后台的创意模块，包括创意管理、创意制作和创意指导。

1．创意管理

（1）卖家进入智钻展位后台管理页面，选择顶部的"创意"选项后，再选择左侧的"创意管理"选项。在"创意管理"页面中，如果有已经建好的创意，卖家便可以直接单击"本地上传"按钮，如图 3-17 所示。

图 3-17 单击"本地上传"按钮

（2）在"添加创意"页面中，卖家可添加创意的基本信息，包括创意类型（图片、文字链或套图）、创意类目、链接类型、URL 链接等，添加完成后单击"浏览"按钮上传创意，如图 3-18 所示。

图 3-18 完成后单击"浏览"按钮

（3）在弹出的对话框中选择要上传的图片，如图 3-19 所示。注意这里选择的图片一定要符合资源位的要求。

图 3-19　选择合适的图片

（4）然后等待创意审核，审核时间一般为 1～2 个工作日。如果在审核过程中创意被拒绝，卖家可查看被拒绝的理由。

2．创意制作

卖家使用"创意模板库""创意快捷制作"及"智能抠图创意"可以很方便地做出多张创意图，而且创意模板库里的文案及其他素材都是选用的高点击率、高热度的素材，方便卖家快速制作出创意图。图 3-20 所示为"创意模板库"页面，图 3-21 所示为"创意快捷制作"页面，图 3-22 所示为"智能抠图创意"页面。

图 3-20　"创意模板库"页面

图 3-21 "创意快捷制作"页面

图 3-22 "智能抠图创意"页面

3．创意指导

创意指导包括"创意排行榜"和"创意特征指导"两个模块。

在"创意排行榜"这个模块中，卖家可以看到本行业点击热度较高的创意图，并进行模仿使用，也可以筛选出高热度的创意图，如以"双 11""双 12""618""年货节"等为主题的创意图。图 3-23 所示为"创意排行榜"中的创意图。

图 3-23　"创意排行榜"中的创意图

在"创意特征指导"这个模块中，卖家可以针对创意内容进行分析，包括模特位置、模特占比、三色关系、模特数量、文案位置等，如图 3-24 所示。

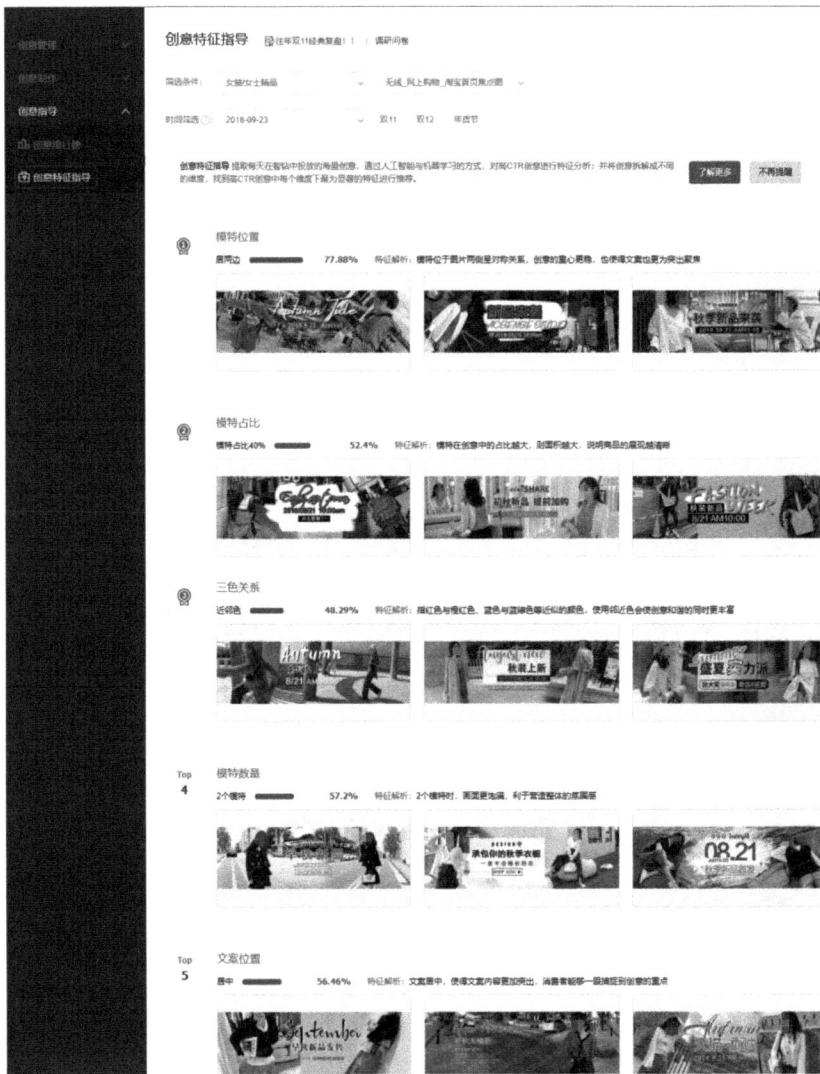

图 3-24 "创意特征指导"中的创意内容

3.3.3 新建推广计划

新建推广计划的具体操作步骤如下。

（1）卖家进入智钻展位后台，选择顶部的"计划"选项进入"全店推广计划管理"页面，然后单击"新建推广计划"按钮，如图 3-25 所示。

图 3-25　单击"新建推广计划"按钮

（2）接着设置营销参数，卖家可以根据自己店铺的需要进行设置，如图 3-26 所示。

图 3-26　设置营销参数

（3）设置基本信息，包括计划名称、地域设置、时段设置、投放日期和每日预算，如图 3-27 所示。

图 3-27　设置基本信息

　　卖家进行地域设置时一定要用心，要选择成交量高的地域，而不是访客量高的地域。图 3-28 所示为"地域设置"页面。

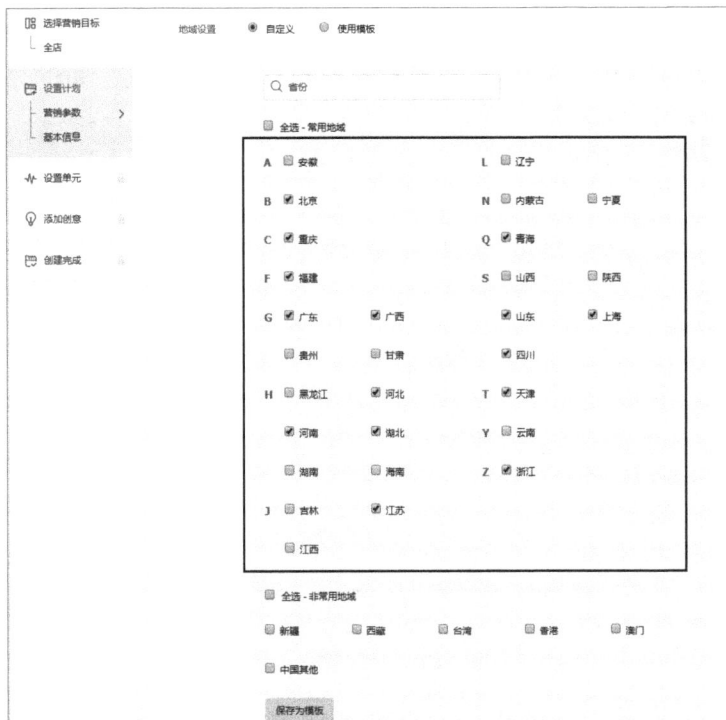

图 3-28　"地域设置"页面

时段设置也是一样的，要选择成交量高的时段，而不是访客量高的时段。时段设置越用心，卖家的推广效果就越好。图 3-29 所示为"时段设置"页面。

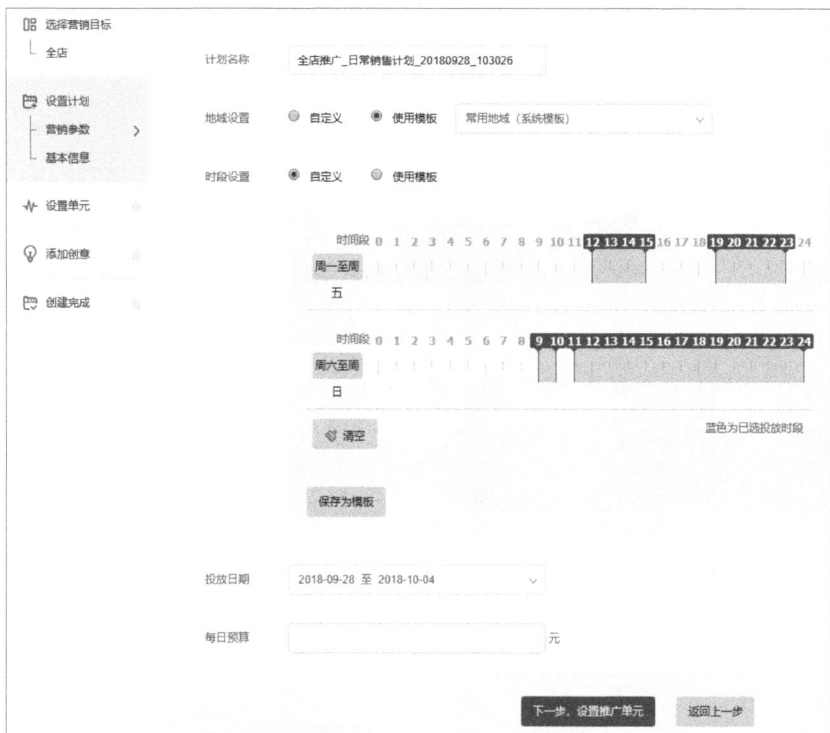

图 3-29　"时段设置"页面

3.4　智钻展位投放技巧

智钻展位精选了淘宝网优质的展示位置，适用于店铺、品牌的推广。下面笔者将介绍淘宝网智钻展位的投放技巧。

3.4.1　准备优质的素材是关键

进行智钻展位推广的一般都是大卖家，他们在淘宝网首页或各个二级频道购买相应的广告位，费用花费相对比较多，因此一般很重视展示图片的质量。

进行智钻展位推广最难的问题就是准备素材，也就是准备广告图片。智钻展位的广告图片很重要，一定要突出重点，必须一下子就能吸引买家。如果广告图片不能够吸引买家进行点击，那么再多的展示机会也是没有用的，只能是浪费卖家更多的资金。

智钻展位的广告图片在宣传商品时，通常以全店铺促销活动为主题，配图一般为店铺几款热销的商品，如图 3-30 所示。广告图片中展示热销商品的数量通常根据图片的长度来决定。

图 3-30　智钻展位展示的图片

智钻展位的广告图片在宣传店铺时，其内容一般应包括店铺名称、商品图片及促销主题等。卖家准备的图片素材应具备以下要点。

1. 要突出显示店铺名称或产品品牌

一般稍微有些规模的卖家都会注重店铺品牌，所以在设计各种广告图片时，一定要加上店铺名称或产品品牌，如图 3-31 所示。

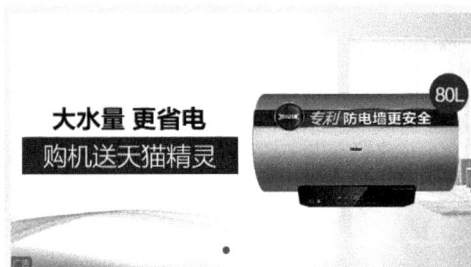

图 3-31　突出显示店铺名称或产品品牌

2. 选取漂亮的人物图

爱美之心人皆有之，卖家在选择广告图片时宜选用漂亮的人物图。特别是女装或护肤类商品的广告图，采用精美的模特图作为广告图更容易吸引买家的目光，但是一定要注意关于肖像权的问题。

3. 突出重点与主题

智钻展位的广告图片要注意色彩的合理搭配，可以采用对比色搭配，以突出重点。智钻展位图上的文字要足够吸引人，建议使用特殊文字效果，以突出主题，如图 3-32 所示。

图 3-32 突出重点与主题

4．广告图片中的商品要清晰

虽然智钻展位的广告图片不可能展示商品的所有细节，但图片中的商品颜色仍然应该尽量接近原色，并且图片中的商品要清晰，能真实地表现出商品的纹路与特征。

3.4.2 智钻展位竞价技巧

淘宝网的智钻展位是以浏览量计费的，如果设置不好，可能会浪费大量资金。出价是很讲究的，出价高肯定会优先进行推广，但对卖家来说性价比不是最高的。卖家要找到一个性价比最高的价格，首先要明白，出价是购买的千次展现量，不管是 10 元排在第一，还是 3 元排在最后，只要能展现出来，效果是基本相同的。下面是关于竞价方面的一些技巧。

1．冷静分析

建议卖家在开始竞价前先研究自己选中的广告位的特征，以及最近的出价数据，看准了、计算好了再出手，切忌不顾一切地去抢广告位，一时冲动可能会不小心抢到不适合自己商品的展位。

2．科学出价

卖家应该在流量没有被购买完的情况下，竞价尽量低，才可以在相同的预算下拿到最多的流量。

3．快速竞价

竞价最激烈的时候，很多卖家往往在竞价结束前几秒出价或加价，所以在创建了投放计划后，卖家可以利用创建快速竞价来进行迅速抢位。

4．把握时间

时间的选择也很重要，在非高峰的时段，竞争卖家就少，价格也相对低一些。当然，在这个时段卖家最好在线，如果买家来了，没人接待，就可能失去卖出商品的机会。卖家在做预算时可以选择流量比较多的时段，在这个时段出价可以相对较低，但是预算要足，这样才能获取较多流量。

3.4.3　智钻展位广告位选择

一般来说，流量大的智钻展位在淘宝网首页，这里适合大卖家投放广告。如果卖家没有足够的实力，最好不要将首页作为日常投放广告的位置。卖家在选择智钻展位广告位时要注意以下技巧。

1．和商品类型相匹配

智钻展位是只要展示就要计费的，如果卖家选的广告位不是目标受众集中的页面，那无疑是一种浪费。例如，卖家经营的是女装，把广告投放在淘宝网首页和投放在"女装"频道，哪个会更有效果呢？淘宝网首页流量巨大，但男女老幼都有，100 个人中或许只有 10 个人是想买女装的。而在"女装"频道中，来浏览的人一般都是对这件商品感兴趣的，有可能打开网页的 100 个人中就有 50 个是潜在买家，这么看广告投放在"女装"频道比投放在淘宝网首页的性价比更高。当然，对于资金雄厚的大卖家来说，那就另当别论了。

2．和广告预算相符

广告投放在哪个位置，除了和商品类型有关，还和卖家的广告预算密切相关。每个广告位都有最低日限额，如果卖家的预算低于这些广告位的最低预算，就可以不用考虑了。

3．和店铺经营状况相当

选择投放位置，还和卖家的店铺经营状况有密切的关系。

即使卖家的资金充足，可以一天买进 10 万点击量，但如果店铺的客服只有一两个，那么店铺是承受不住这些流量的。因为一两个客服远远无法满足买家的咨询。建议卖家每天由广告引进的流量比平时多 3～5 倍，之后再慢慢加大投入。

3.4.4　手机端智钻展位广告位投放技巧

手机受屏幕所限，不方便进行价格比较，而且手机使用频率很高，可以随时随地交易，也就是说手机端买家一旦看中某商品，下单付款的速度会比 PC 端快得多。

那对于卖家来说，手机端智钻展位广告位投放有哪些技巧呢？

（1）广告图片要适合手机端，小尺寸展现，文案精简，文字、Logo 要清晰。

（2）投放时间、地域根据手机端访客的来访时段、访客地域及访客的特点进行选择。

（3）根据手机端购买高峰期、来访高峰期来决定是否提高出价。

（4）做好主图手机化、首页优化、手机详情页优化等店铺细节，这样手机端店铺的流量和转化会得到明显的提升。

（5）坚持投放，不断挖掘精准的新客户，同时维护好自己的老客户。

3.4.5 智钻展位创意被拒绝的原因

智钻展位创意被拒绝，往往有哪些原因呢？

1. 无线链接不符合要求

资源位名称中带"无线"的位置都需要转化成无线链接，如果是"PC"的位置转化链接，则会被系统自动拒绝。转化链接只需要在"添加创意"界面勾选"转换为无线店铺首页/宝贝链接"选项即可，如图 3-33 所示。

图 3-33 勾选"转换为无线店铺首页/宝贝链接"选项

2. 绝对化用语

严禁使用国家级、最高级、最佳含义相同或近似用语的绝对化文案。严禁在创意图片和链接页面出现与商品店铺品质、功效、价格、工艺、服务等相关排他性的唯一存在描述。常见绝对化用语，如"独家""唯一""第一品牌""全球首发""最佳""极品""顶级""顶尖""终极""冠军"等。图 3-34 所示的"史上最大清仓"就是绝对化用语。

图 3-34　绝对化用语示例

3．夸大虚假宣传

严禁使用虚假或无法判断真伪的夸张性表述，如对药品的功效描述涉嫌夸大宣传。图 3-35 所示的"全网最低"即为夸大宣传。

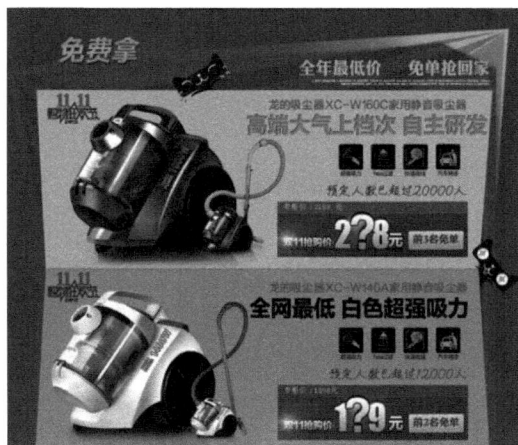

图 3-35　夸大宣传示例

4．相关资质

卖家需提供对应的行业资质、品牌资质、人物肖像资质及卡通资质等其他资质。店铺推广的商品出现品牌或 Logo 信息的，卖家需提供品牌商标注册和授权资质，如没有授权则要更换正在推广的商品，图 3-36 所示为质检报告。

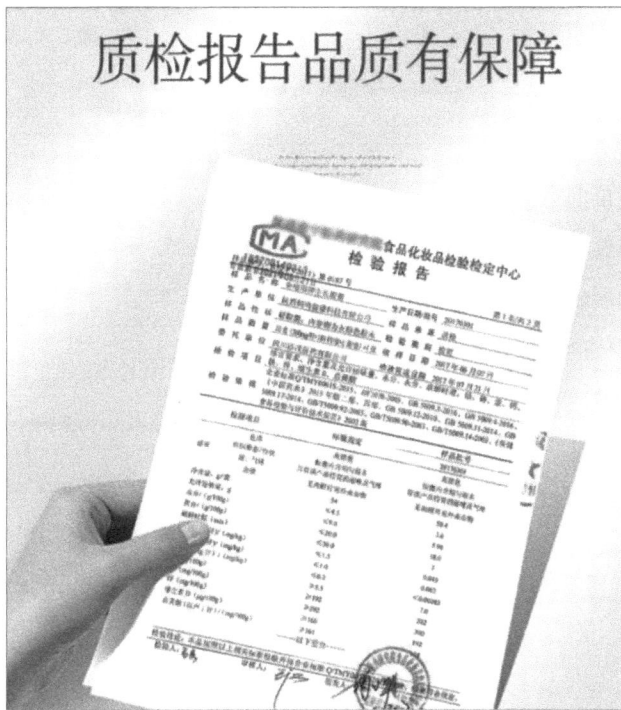

图 3-36　质检报告示例

5. 描述不符合

严禁卖家的促销信息、商品价格、销量等描述与真实商品存在不符的现象，如材质不清、价格折扣不符、销量不符、创意图片与链接不符等。

3.5　习题

1. 填空题

（1）＿＿＿＿＿＿＿是淘宝网图片类广告位竞价投放平台，是淘宝网为卖家提供的一种营销工具。＿＿＿＿＿＿＿依靠图片创意吸引买家进行点击，从而获取巨大流量。

（2）智钻展位是为有更多信息发布需求的卖家量身定制的产品，其精选了淘宝网的优质展示位置，通过竞价＿＿＿＿＿＿＿，按照＿＿＿＿＿＿＿计费，性价比高，适用于店铺、品牌的推广。

（3）直通车和智钻展位都是通过广告位展示的形式来展现所要推广的商品。直通车是按照商品的形式展现在＿＿＿＿＿＿＿＿＿＿＿＿＿＿＿＿＿＿＿＿＿＿或者搜索页面的第一个结果，而智钻展位的位置则有很多个。

（4）每位访问淘宝的买家，都会进行_____、_____、收藏、购买等各种行为，系统会根据这些行为给这些买家打上各种标签，这就是智钻展位的定向。

2．简答题

（1）简述智钻展位的定义。

（2）简述智钻展位和直通车的区别。

（3）智钻展位的展示位置在哪里？

（4）简述智钻展位的投放流程。

（5）智钻展位的投放技巧有哪些？

第 4 章

淘宝客推广

开店指导

众所周知，开网店最大的成本就是时间，浪费的时间过多就会消磨卖家开店的信心，而卖家自己做推广更需要花费时间。其实，对于卖家来说，还有一种选择就是让别人替自己做推广。那么谁会替卖家做推广呢？那就是淘宝客。淘宝客推广是很多淘宝、天猫卖家常常采用的一种推广方式，也是一种省时省力的推广手段。

4.1 淘宝客推广概述

淘宝客推广的优点：在推广的过程中，商品的展示、点击都是免费的，卖家只有在商品成交之后才付给淘宝客佣金。淘宝客推广是一种双赢的合作模式。

4.1.1 什么是淘宝客推广

阿里巴巴集团的"大淘宝战略"实施以后，原淘宝客推广平台与淘宝交易平台被进一步整合，形成新的平台。淘宝客目前已经逐渐融入人们的生活，任何网民都可以帮助淘宝卖家销售商品，并从中赚取佣金，网上的营销大军已有很多，淘宝客一跃成为网络职业人群。图 4-1 所示为淘宝客页面。

淘宝客推广是一种按成交付费的推广模式，淘宝客只要从淘宝客推广专区中获取商品代码，并把这些代码推广的商品做成广告放在自己的店铺或网站上，如果有人通过这些广告进入店铺并且成功购买后，淘宝客就可得到由卖家支付的佣金。换言之，淘宝客推广模式帮助淘宝卖家推广商品，帮助淘宝客按照成交效果获得佣金。买家通过支付宝交易然后确认收货时，系统会自动将应付的佣金从卖家收入中扣除，并计入淘宝客的预期收入账户。

图 4-1　淘宝客页面

图 4-2 所示为淘宝店铺的"高佣活动"页面。

图 4-2　淘宝店铺的"高佣活动"页面

4.1.2　淘宝客推广的优势

淘宝客推广由于其信用好、产品丰富、客户信任度高等特点受到卖家的关注,其具体的优势有以下几点。

（1）成本可控。在整个推广过程中,商品的展示、点击全都免费,卖家只有在商品成交后才支付淘宝客佣金,也可以随时调整佣金比例,灵活控制支出成本。

（2）潜力巨大。该推广模式能给卖家带来更多流量,让更多人群帮助推广。

（3）较大的投资回报比。淘宝客推广的平均投资回报比约为 1:15。

（4）因为采用"按成交付费"的模式,不成交不用付费,这使店铺和商品在未成交的情况下仍然获得了大量免费被推送的机会。

（5）走可持续发展的道路,该模式是基于淘宝客的网络销售队伍而不是临时的广告。

4.2 加入淘宝客推广

在淘宝客推广的模式下，卖家可以提供单件商品或整个店铺的推广链接，做到推广内容和推广途径的完全自定义。

卖家加入淘宝客推广的具体操作步骤如下。

（1）登录"我的淘宝"页面，选择"营销中心"栏中的"我要推广"选项，如图 4-3 所示。

（2）进入"我要推广"页面，然后选择"淘宝客"选项，如图4-4 所示。

图 4-3 选择"我要推广"选项   图 4-4 选择"淘宝客"选项

（3）进入淘宝客"账户总览"页面，可以看到当前的推广状况，如图 4-5 所示。

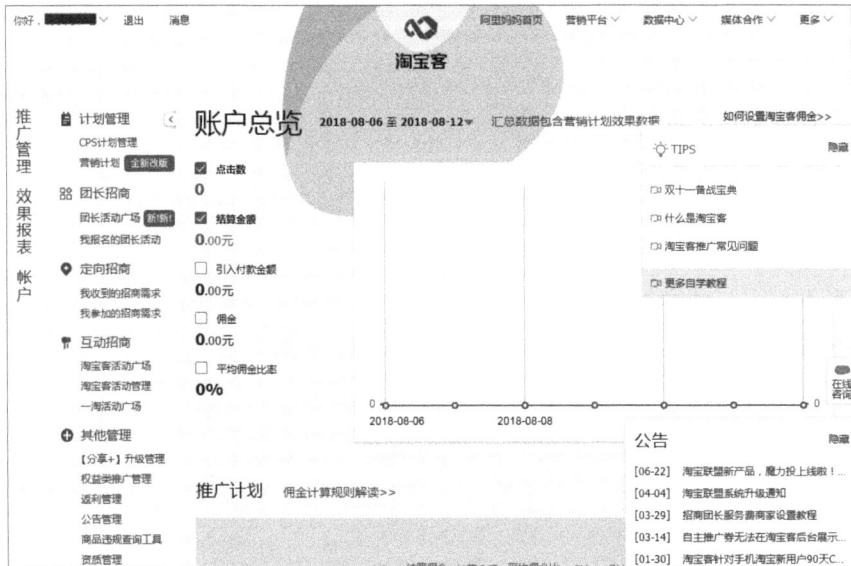

图 4-5 淘宝客"账户总览"页面

4.3　设置合理的推广佣金

淘宝客推广模式因为其高佣金而吸引了很多人参与。有些卖家不知道如何设置合理的佣金，结果无法吸引淘宝客。下面笔者将详细介绍怎样设置合理的佣金。

4.3.1　根据商品毛利率设置佣金

在不调整佣金比例的情况下，淘宝客推广的花费始终是不变的，因此设置合理的佣金是非常必要的。

首先，卖家要计算出商品的毛利率。公式为商品毛利率=（销售价-进货价）/销售价×100%。

比如，商品成本为 100 元，售价为 200 元，则其毛利率为（200-100）/200×100%=50%。

确定了商品的毛利率之后，就可以根据店铺及商品的不同推广阶段，有计划地给商品设置合理的佣金比例。毛利率高的商品，佣金比例可以设置得相对高一些，如图 4-6 所示。毛利率低的商品，佣金比例可以设置得低些，如图 4-7 所示。

图 4-6　佣金比例高的商品　　　　图 4-7　佣金比例低的商品

4.3.2　根据行业平均佣金比例设置佣金

有时候，卖家只计算出自己商品的佣金比例还不够，还要知道自己商品的佣金比例在行业中有没有优势。若卖家的佣金比例过分高于同行业的佣金比例，会极大地降低商品的利润；若佣金比例设置得太低，则卖家的商品在整个行业中就没有推广优势。因此，卖家参考同行业的佣金比例就变得很有必要了。卖家可以从淘宝联盟高佣活动中搜索同行业店铺的佣金比例作为参考，也可以在搜索框中直接搜索与自己商品相关的关键词，来检索、挖掘与自己店铺和商品类似的店铺和商品，再按照收入比率、月支出佣金、月推广量等来进行排序，如图 4-8 所示。

图 4-8　搜索结果按月支出佣金从高到低排序

4.3.3　根据竞争对手的佣金比例设置佣金

淘宝客推广的本质是卖家扩展店铺的站外推广渠道，这需要与卖家的店铺运营计划相匹配，也不可避免地会涉及竞争对手的流量渠道问题。因此，分析竞争对手的佣金比例，有助于卖家了解竞争对手的站外推广情况，做到知己知彼。

卖家可在淘宝联盟搜索与店铺商品最符合的关键词，通过搜索找到竞争对手的店铺，如图 4-9 所示。

图 4-9　搜索找到竞争对手的店铺

假设卖家销售女包，则选择其中一个销售女包的店铺，进入店铺推广详情页面，如图 4-10 所示。从该页面中，卖家可以看到该店铺的淘宝客近 30 天佣金历史趋势和该店铺的计划列表。

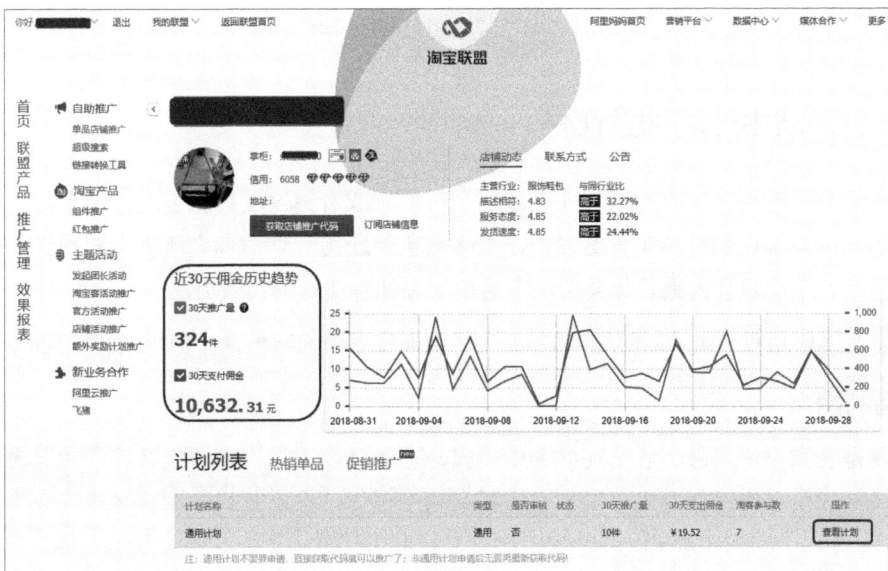

图 4-10　店铺推广详情页面

卖家单击"查看计划"按钮，进入"通用计划"页面，可以看到当前计划中包含的所有商品及商品的佣金比例，如图 4-11 所示。

图 4-11   "通用计划"页面

4.3.4   设置通用计划佣金比例

通过计算商品毛利率、收集同行业平均佣金比例，或者通过收集竞争对手佣金比例的方式来预设自身店铺的佣金比例时，卖家会发现，大多数店铺通用计划的佣金比例设置得都比较低，这是什么原因呢？下面笔者就来具体介绍一下通用计划佣金比例的设置方法。

在设置通用计划佣金比例之前，卖家需要先了解淘宝客中的两种推广模式：返利网和导航网站。

1. 返利网

返利网是在淘宝客兴起之后出现的推广模式，它的推广逻辑符合淘宝客推广的逻辑，只是受益群体由单纯的淘宝客群体变成了淘宝客和买家两个群体，推广方式由淘宝客推广变为了买家主动搜索。

返利网在不做任何推广的情况下，买家在站内搜索并购买淘宝店铺的商品后，会很自然地在返利网拿到返利。如果返利网申请了店铺的高佣金计划，会直接从高佣金计划中扣除相应的佣金；

如果返利网没有申请高佣金计划，也会直接扣除通用计划的佣金。图 4-12 所示为返利网首页。

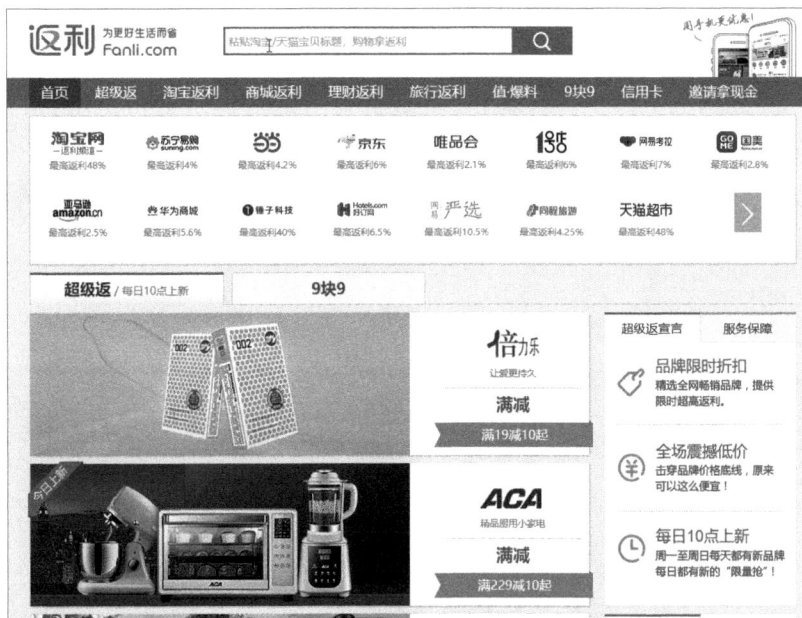

图 4-12　返利网首页

2．导航网站

和返利网一样，导航网站也是不需要淘宝客主动推广便能收取佣金的。同理，如果导航网站申请了高佣金计划，就会扣除高佣金计划的佣金；如果导航网站没有申请高佣金计划，则会根据通用计划进行佣金结算。导航网站中的天猫和聚划算链接如图 4-13 所示。

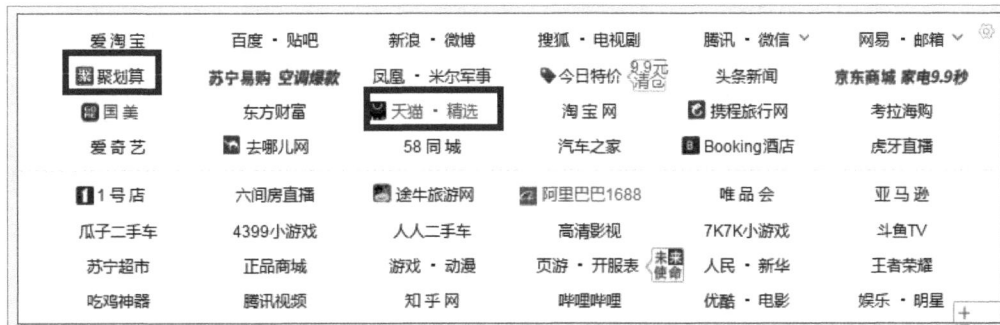

图 4-13　导航网站中的天猫和聚划算链接

通用计划是卖家开通淘宝客推广后的基本计划，不可删除、不可隐藏、不可停止（除非退出淘宝客推广）。店铺通用计划的多少往往代表了店铺实力的强弱。通用计划一定要采用类目的最低佣金，以避免不必要的佣金损失。图 4-14 所示淘宝客推广中的"通用计划"页面。

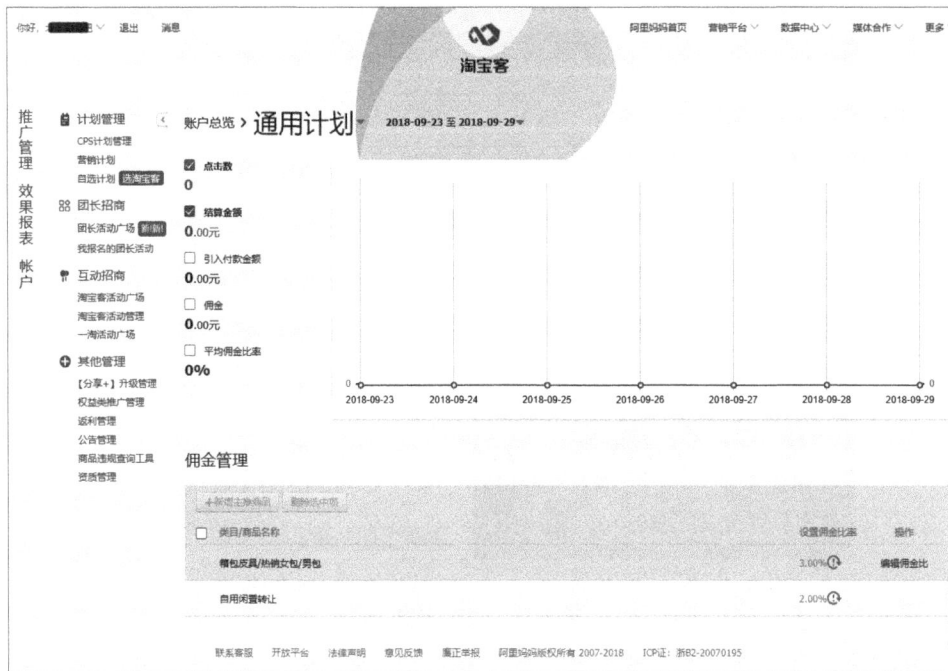

图 4-14　淘宝客推广的"通用计划"页面

4.3.5　设置淘宝客自选计划佣金比例

淘宝客自选计划通常被称为定向计划，该计划是为卖家管理淘宝客而量身定制的新计划。除提供淘宝客推广店铺效果数据、淘宝客推广能力评估外，卖家还可根据各个淘宝客的推广情况，同淘宝客建立具体的推广关系，如为某个淘宝客开设人工审核的定向计划等。

淘宝客自选计划的佣金比例要有一定的阶梯性。其实，参与推广的淘宝客是有层级区别的。对于不同层级的淘宝客，卖家可以设置不同的佣金比例，以示区分。层级较高的淘宝客可以获得较高的佣金比例，这可以提升高层级淘宝客的优越感和对应的收入，也会促使新的淘宝客和店铺的合作变得更加紧密。

此外，建立佣金计划的时候，卖家要留下淘宝客运营人员的联系方式、审核条件等信息。从店铺推广成本考虑，尽量避免让返利网和导航网站申请到淘宝客的高佣金计划。

卖家设置淘宝客自选计划佣金比例的具体操作步骤如下。

（1）进入淘宝客后台，在"计划管理"下选择"自选计划"选项，如图 4-15 所示。

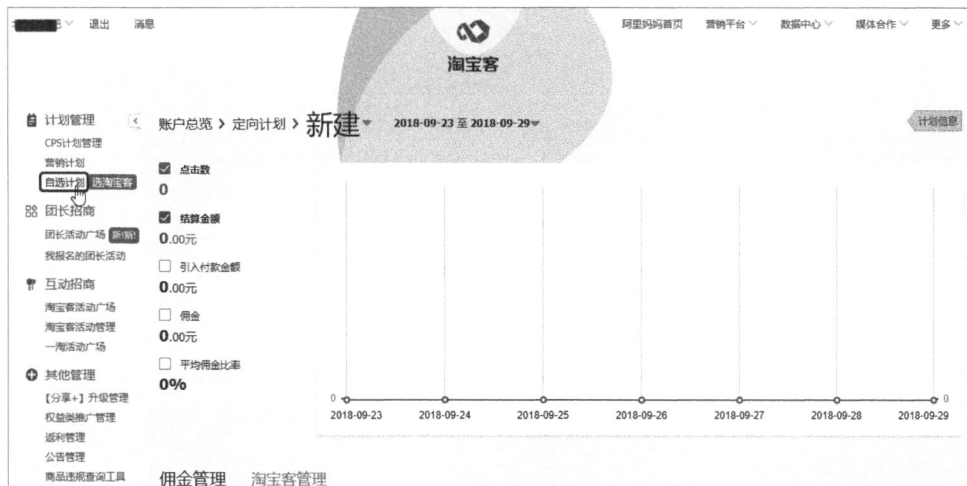

图 4-15　选择"自选计划"选项

（2）在"自选计划"中设置佣金比例，如图 4-16 所示。

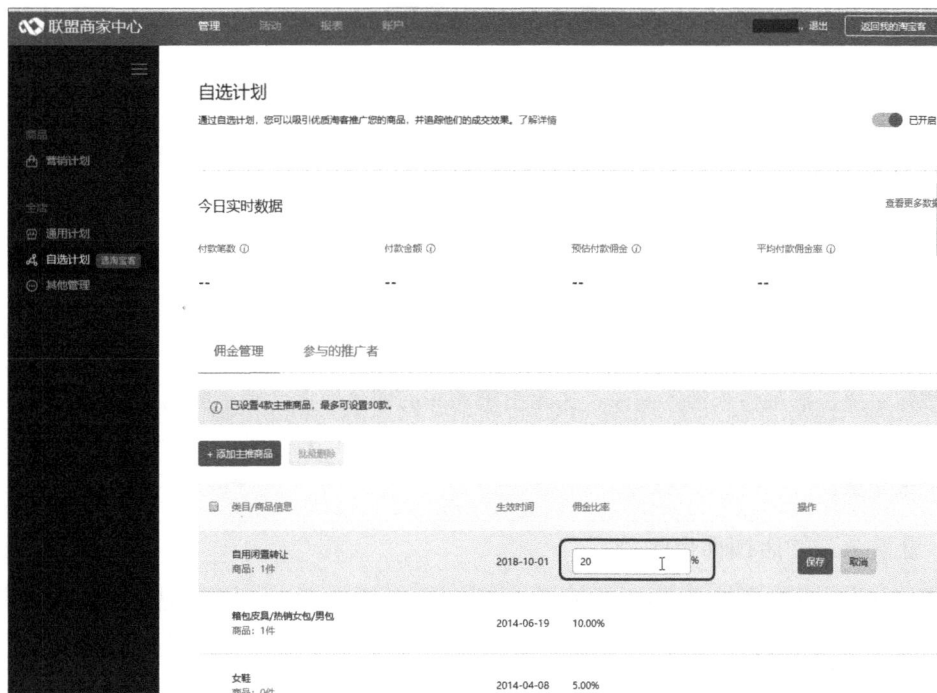

图 4-16　设置佣金比例

（3）然后添加主推商品，即可完成，如图 4-17 所示。

图 4-17 添加主推商品

4.3.6 通过设置佣金比例来实现高效推广

不同商品、不同行业的利润可能是不同的，卖家可以在规定的范围内自由设定佣金比例。由于佣金的高低直接影响推广效果，所以卖家应该在合理的范围内尽量给淘宝客更高的佣金，只有这样，才能激发淘宝客推销商品的热情。

卖家可以设置较高的佣金比例来展示某种主推商品，同时设置一个统一的佣金比例来结算淘宝客带给店铺内其他商品成交的佣金。

1．对主推商品设置较高的佣金比例

要想吸引更多淘宝客来推广商品，卖家主推商品的佣金比例一定不能太低，不然商品再好也可能会被同行业的同类商品掩盖。在卖家能够接受的范围内，以较高的佣金回馈淘宝客，才能带来更高的成交量。

2．设置合理的店铺佣金比例

卖家可以衡量店铺的利润情况，然后设定一个针对其他商品的合理的店铺佣金比例。

3．保持良好的淘宝客推广心态

对于卖家来说，虽然因为支付淘宝客佣金而少赚取了一部分利润，但从长远来看，淘宝客带

来的绝不仅是一个个简单的买家，而是这些买家身后的更多的买家和口碑。淘宝客和卖家只有真诚合作、互相信赖，才能达到双赢的效果。

4．淘宝客佣金的计算规则

（1）卖家可以调整店铺各类目的佣金比例。

（2）卖家不能直接调低佣金比例，但可以通过"先删除推广计划再新建推广计划"的方法调低佣金比例。

（3）当买家从淘宝客推广链接进入店铺商品页面后，此后 15 天内完成对该商品的购买均被视为有效，淘宝客都可以得到由卖家支付的佣金。如果卖家退出淘宝客推广，则在卖家退出之前，买家点击过的淘宝客推广链接对该买家在 15 天内继续有效，如果买家在此期间内买下商品，则卖家仍需要给淘宝客支付佣金。

（4）如果实际交易金额减去邮费大于或等于买家拍下时的商品单价，则要按实际交易金额减去邮费再乘佣金比例来计算佣金。

（5）如果实际交易金额减去邮费小于买家拍下时的商品单价，则按商品单价乘佣金比例来计算佣金。

（6）如果买家通过淘宝客推广链接直接购买了商品，则按照该商品对应的佣金比例结算佣金。

（7）如果买家通过淘宝客推广链接购买了店铺内其他展示商品中的某一件，则按照该商品对应的佣金比例结算佣金。

（8）如果买家通过淘宝客推广链接购买了店铺内非展示商品中的某一件，则按照店铺统一佣金比例结算佣金。

4.4　为店铺招募更多的淘宝客

店铺有了淘宝客推广计划，也只是做好了基础工作。淘宝客在站外渠道为店铺推广商品，他们的每一个展示窗口就类似于店铺的一个展示柜台，这种模式类似于外网的分销商，所以为店铺招募更多的淘宝客，相当于为店铺找到更多的分销商，这对店铺销售非常重要。

4.4.1　寻找淘宝客的渠道

相信运营店铺一段时间的卖家都会知道淘宝客的重要性，但有很多卖家反映不知道如何寻找淘宝客。常见的寻找淘宝客的渠道有如下几种。

1．在导购分享网站寻找

卖家可以在导购分享网站寻找淘宝客，这类网站中有不少分享商品的人，图 4-18 所示为导购分享网站海淘贝的首页。

图 4-18　导购分享网站海淘贝首页

2．在导购分享类 App 寻找

卖家可以在导购分享类 App 寻找淘宝客，常见的 App 有"半糖""礼物说"等。"半糖"App 的首页如图 4-19 所示。每一个导购类 App 都有专门洽谈合作的联系方式，卖家需要结合店铺或者商品的特点进行洽谈合作。

图 4-19　"半糖" App 首页

3．在 QQ 或阿里旺旺寻找淘宝客群

在 QQ 或阿里旺旺搜索"淘客""淘宝客""返利"等关键词，可以搜索到淘宝客群，在群里便可以找到淘宝客，如图 4-20 所示。

图 4-20　在 QQ"找群"中搜索"淘客"

4．在百度寻找

在百度中寻找淘宝客，卖家可以在百度网站中分别搜索"网赚群"和"淘客 QQ 群"等关键词，如图 4-21 和图 4-22 所示。

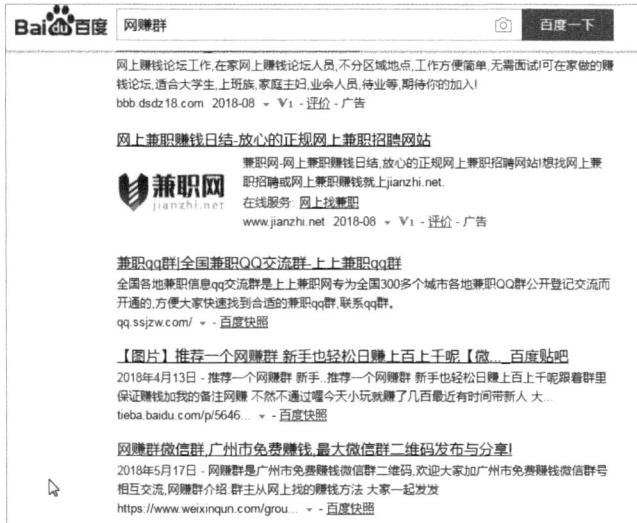

图 4-21　在百度搜索"网赚群"显示的信息

图 4-22　在百度搜索"淘客 QQ 群"显示的信息

卖家不知道具体的 QQ 群或旺旺群的时候，可以通过百度搜索相关的关键词。这类推广群的推广者也需要推广自己掌握的资源，寻求更好的合作，所以一般在网络上都会留有或多或少的信息，卖家可以通过对比进行深入挖掘。

5．在淘宝客交流论坛寻找

淘宝客交流论坛是淘宝客的大量聚集地。这类论坛都有发帖规则，卖家按照论坛的发帖规则发帖招募即可。图 4-23 所示为淘宝客交流论坛。

图 4-23　淘宝客交流论坛示例

除了以上几种寻找淘宝客的渠道，还有站外各种寻找淘宝客的渠道，这里就不一一列举了。总而言之，淘宝客的推广渠道不同，寻找他们的方式也会不同，需要卖家根据需求耐心去寻找、发现、挖掘。

4.4.2　招募淘宝客

招募淘宝客几乎是每一家店铺都在做的事情，只是效果有所差异。

其实，很多淘宝客也在主动地挖掘更适合自身渠道的商品和推广性价比更高的商品。卖家可以通过发帖的方式招募淘宝客，让有意者主动"上门"。

卖家要想以发帖的方式招募淘宝客，就要提前准备好招募文案，然后按照下面的步骤进行操作。

1．选择合适的论坛发帖

选择影响力比较大的论坛，如各大站长交流论坛、淘宝客技术交流论坛等。

A5 站长论坛上也有专门的淘宝客板块，如图 4-24 所示，卖家可以在上面发布招募信息，而淘宝客也可以发帖分享关于做淘宝客的一些经验，是非常不错的交流平台。卖家在这类网站上招募淘宝客时，可以联系网站的管理人员购买广告位，使招募活动曝光。图 4-25 所示为 A5 站长论坛广告位。

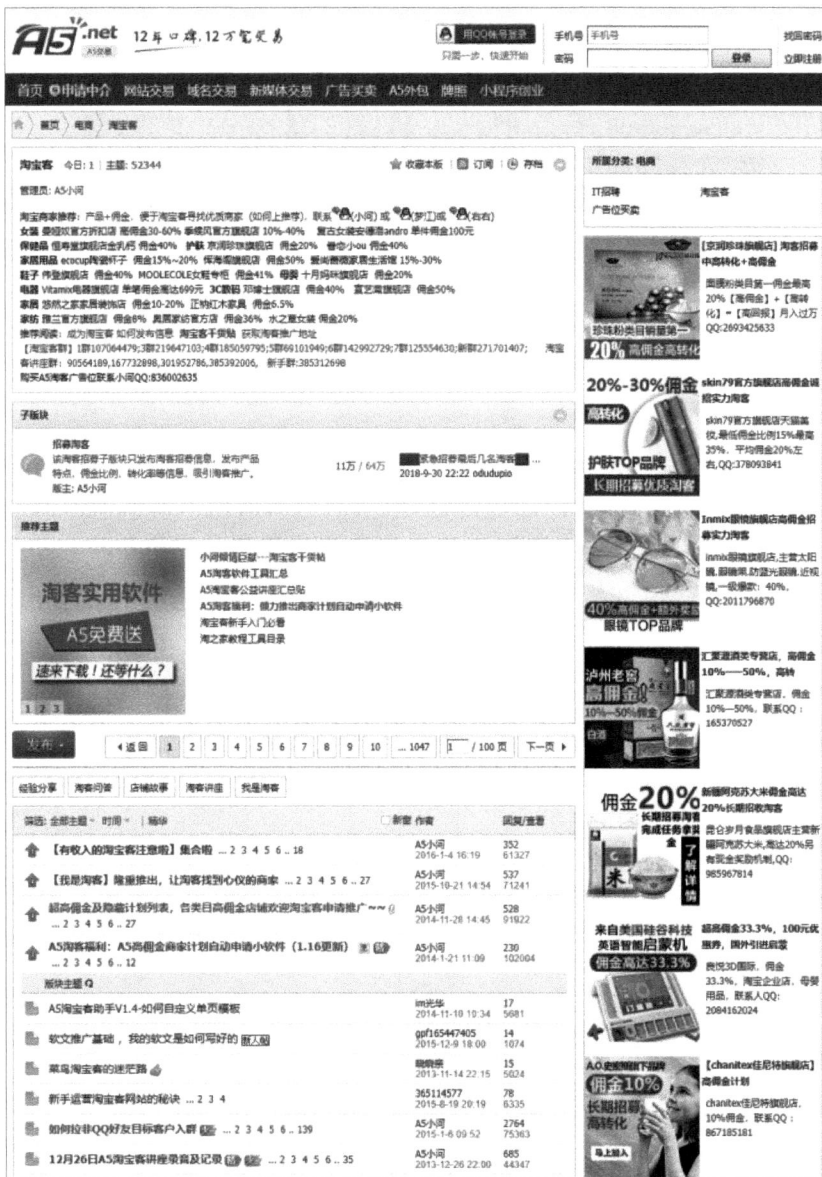

图 4-24　A5 站长论坛的淘宝客板块

图 4-25　A5 站长论坛广告位

聚推吧淘客论坛类似于 A5 站长论坛，只是网站的流量大小不同，卖家在发布淘宝客招募广告时的曝光量不同。图 4-26 所示为聚推吧淘客论坛。

图 4-26　聚推吧淘客论坛

2．确定佣金比例

卖家发帖前需要确定计划内的店铺佣金比例，以及主推商品的佣金比例，如图 4-27 所示。

卖家需要寻找店铺转化率高的商品，因为淘宝客更愿意推广这类商品。高转化率意味着淘宝客推广商品时能得到更好的下单率，所以淘宝客付出相同的流量时，更愿意去推广转化率高的商品。

卖家要明白，淘宝客推广带来的流量也是花费很大的代价获得的，而淘宝客考虑的是如何让流量更有效、更有价值地变现，获得更好的投入产出比。所以，卖家以高佣金比例让利给淘宝客，可以提高淘宝客的积极性，才能不浪费佣金。

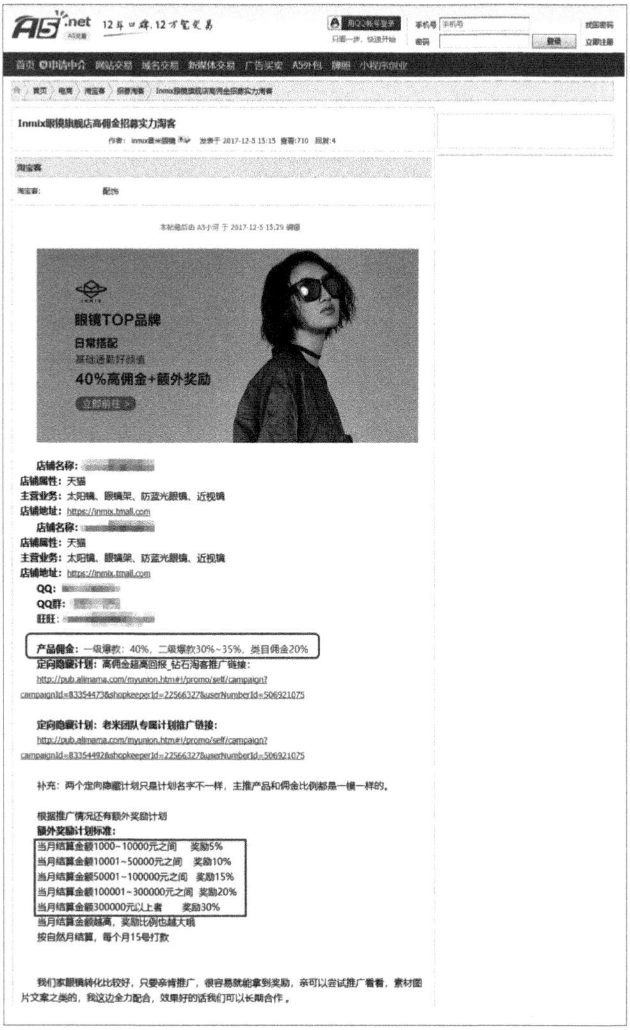

图 4-27　确定佣金比例

3．选择爆款商品

爆款商品是指转化率高、价格合理的商品。在佣金比例合适的情况下，淘宝客更愿意去推广爆款商品。图 4-28 所示为爆款商品页面。

4．准备品牌背书

因为店铺有品牌背书，更容易让买家产生购买欲望，打消对产品的顾虑，而且淘宝客也愿意去推广这类产品。图 4-29 所示为店铺品牌背书。

图 4-28　爆款商品页面　　　　　　　　　图 4-29　店铺品牌背书

5．准备淘宝客推广素材

卖家要准备各种淘宝客推广素材，解决淘宝客不会做美工的烦恼，同时还可以提升渠道点击率，美化品牌形象，如图 4-30 所示。

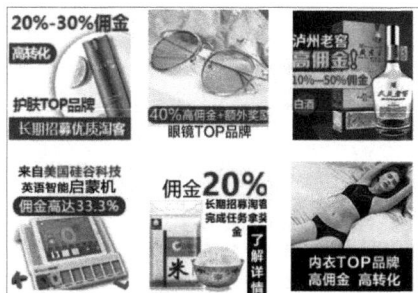

图 4-30　准备淘宝客素材

淘宝客通常会推广多家店铺，或者多款商品，而且淘宝客对商品的了解有限。所以，卖家提供已经测试好的图片，对自身商品推广或者店铺曝光来讲都是有利的，还能获得更高的点击率。

6. 编写淘宝客招募帖

卖家可按照格式编写淘宝客招募帖，写明店铺的佣金比例、商品的佣金比例，商品的转化、销量、奖励机制，店铺地址、联系方式等，如图 4-31 所示。

卖家通过大量发帖和多批量网站顶帖，可以持续保持店铺的曝光率。如果店铺能保证每天的发帖数和顶帖数，积累一段时间后，会收到意想不到的效果。

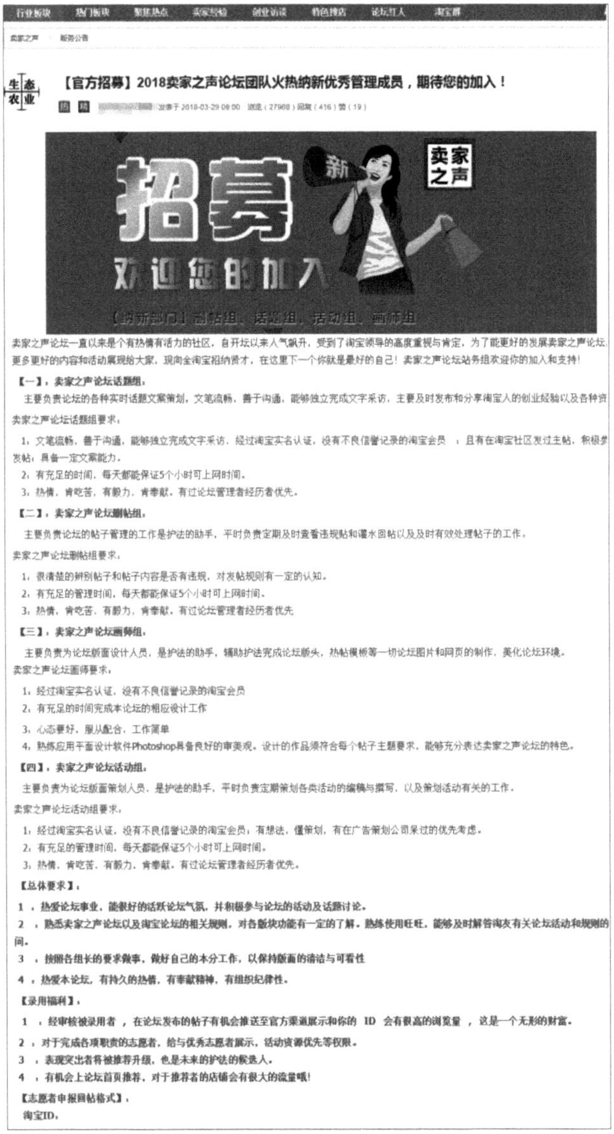

卖家之声论坛一直以来是个有热情有活力的社区，自开坛以来人气飙升，受到了淘宝领导的高度重视与肯定，为了能更好的发展卖家之声论坛，更多更好的内容和活动展现给大家，现向全淘宝招纳贤才，在这里下一个你就是最好的自己！卖家之声论坛站务组欢迎你的加入和支持！

【一】，卖家之声论坛话题组，

主要负责论坛的各种实时话题文案策划，文笔流畅，善于沟通，能够独立完成文字采访，主要及时发布和分享淘宝人的创业经验以及各种资

卖家之声论坛话题组要求，

1，文笔流畅，善于沟通，能够独立完成文字采访，经过淘宝实名认证，没有不良信誉记录的淘宝会员　，且有在淘宝社区发过主帖，积极参发帖；具备一定文案能力。

2，有充足的时间，每天都能保证5个小时可上网时间。

3，热情，肯吃苦，有毅力，肯奉献，有过论坛管理者经历者优先。

【二】，卖家之声论坛删帖组，

主要负责论坛的帖子管理的工作是护法的助手，平时负责定期及时查看违规贴和灌水回帖以及及时有效处理帖子的工作。

卖家之声论坛删帖组要求，

1，很清楚的辨别帖子和帖子内容是否有违规，对发帖规则有一定的认知。

2，有充足的管理时间，每天都能保证5个小时可上网时间。

3，热情，肯吃苦，有毅力，肯奉献，有过论坛管理者经历者优先

【三】，卖家之声论坛画师组，

主要负责为论坛版面设计人员，是护法的助手，辅助护法完成论坛版头，热帖横板等一切论坛图片和网页的制作，美化论坛环境。

卖家之声论坛画师要求，

1，经过淘宝实名认证，没有不良信誉记录的淘宝会员

2，有充足的时间完成本论坛的相应设计工作

3，心态要好，服从配合，工作简单

4，熟练应用平面设计软件Photoshop具备良好的审美观。设计的作品须符合每个帖子主题要求，能够充分表达卖家之声论坛的特色。

【四】，卖家之声论坛活动组，

主要负责为论坛版面策划人员，是护法的助手，平时负责定期策划各类活动的编稿与撰写，以及策划活动有关的工作。

卖家之声论坛活动组要求，

1，经过淘宝实名认证，没有不良信誉记录的淘宝会员；有想法，懂策划，有在广告策划公司呆过的优先考虑。

2，有充足的管理时间，每天都能保证5个小时可上网时间。

3，热情，肯吃苦，有毅力，肯奉献，有过论坛管理者经历者优先。

【总体要求】：

1 ，热爱论坛事业，能很好的活跃论坛气氛，并积极参与论坛的活动及话题讨论。

2 ，熟悉卖家之声论坛以及淘宝论坛的相关规则，对各版块功能有一定的了解。熟练使用旺旺，能够及时解答淘友有关论坛活动和规则的问。

3 ，按照各组长的要求做事，做好自己的本分工作，以保持版面的清洁与可看性

4 ，热爱本论坛，有持久的热情，有奉献精神，有组织纪律性。

【录用福利】：

1 ，经审核被录用者 ，在论坛发布的帖子有机会推送至官方渠道展示和你的 ID 会有很高的浏览量 ，这是一个无形的财富。

2 ，对于完成各项职责的志愿者，给与优秀志愿者展示，活动资源优先等权限。

3 ，表现突出者将被推荐升级，也是未来的护法的候选人。

4 ，有机会上论坛首页推荐，对于推荐者的店铺会有很大的流量哦！

【志愿者申报回帖格式】：

淘宝ID：

图 4-31　淘宝客招募帖

4.4.3 通过高佣金吸引淘宝客

在大部分淘宝客推广中会出现这样一种情况，那就是在类目或搜索类目的核心关键词中，推广量前 5 页甚至前 10 页的商品都会申请定向推广，因为前 5 页或者前 10 页的商品是在全网或者整个类目搜索这个关键词时，由众多淘宝客共同检验出来的最值得推广的商品，如图 4-32 所示。

图 4-32　搜索关键词出现的排名靠前的商品

如图 4-33 所示，通过找到第 5 页最后一件商品，卖家可以预估自己店铺的商品上到第 5 页排名所需要的销量，还可以统计前 5 页宝贝的平均佣金比例，然后设置自己店铺商品的佣金比例高过平均佣金比例。

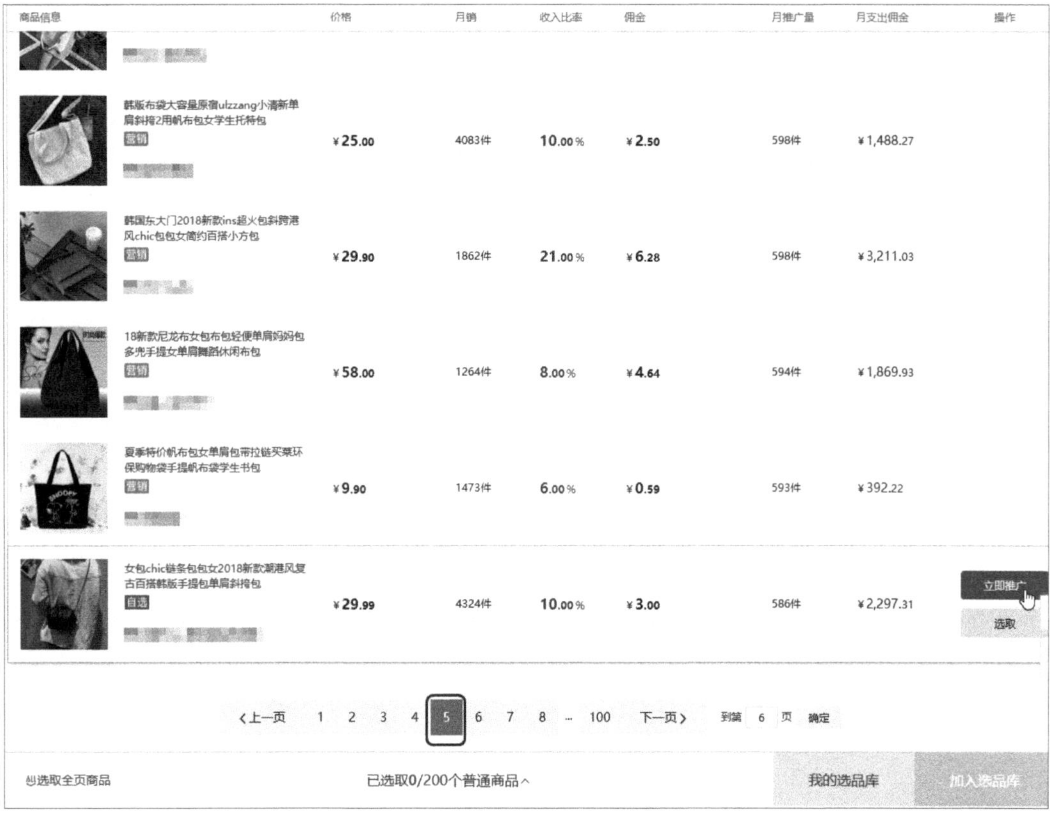

商品信息	价格	月销	收入比率	佣金	月推广量	月支出佣金	操作
韩版布袋大容量原宿ulzzang小清新单肩斜挎2用帆布包女学生托特包　营销	¥25.00	4083件	10.00%	¥2.50	598件	¥1,488.27	
韩国东大门2018新款ins超火包斜挎港风chic包女简约百搭小方包　营销	¥29.90	1862件	21.00%	¥6.28	598件	¥3,211.03	
18新款尼龙布女包布包轻便单肩妈妈包多兜手提女单肩舞蹈休闲布包　营销	¥58.00	1264件	8.00%	¥4.64	594件	¥1,869.93	
夏季特价帆布包女单肩包带拉链买菜环保购物袋手提帆布袋学生书包　营销	¥9.90	1473件	6.00%	¥0.59	593件	¥392.22	
女包chic链条包包女2018新款潮港风复古百搭韩版手提包单肩斜挎包　自通	¥29.99	4324件	10.00%	¥3.00	586件	¥2,297.31	立即推广　选取

〈上一页　1　2　3　4　**5**　6　7　8　…　100　下一页〉　　到第　6　页　确定

☑选取全页商品　　　　　已选取0/200个普通商品∧　　　　　我的选品库　　加入选品库

图 4-33　找到第 5 页最后一件商品

4.4.4　寻找淘宝客活动资源

卖家应该多参加联盟举行的活动，只要是能提高淘宝客销量的活动，卖家都应尽量参加。寻找淘宝客活动资源的具体操作步骤如下。

1．网站类查找

（1）卖家可参考站长工具排行榜，选择"行业排名"下的"购物网站"选项，如图 4-34 所示。

图 4-34　选择"购物网站"选项

（2）重点参考"购物网站"下的返利比价类网站，如图 4-35 所示。这里是按照网站的综合统计进行排序的，实力强的卖家可以从上到下选择网站，实力弱的卖家则可以优先考虑排名相对较低的网站。卖家可以选择其中一个网站，进入"网站简介"页面进行查看，如图 4-36 所示。

图 4-35　返利比价类网站

图 4-36   "网站简介"页面

2. 社群类查找

在微博中搜索相关关键词，如"团购"、"女装"、"母婴"、"返利"或其他与自己店铺拥有类目相关的关键词，就能找到很多相关社群，如图 4-37 所示。

图 4-37　微博搜索相关关键词

卖家找到一个团购账号后，可查看账号详细信息，还可查看对应账号的发帖记录、粉丝互动记录及开团效果。一般开团购活动的组织者都具有很强的商品销售能力，卖家可以与开团的组织者联系，看其能否推广自己的商品。图 4-38 所示为账号详细信息。

图 4-38　账号详细信息

4.5　通过淘宝客引入流量

很多新开的店铺可以通过淘宝客来吸引流量。下面笔者将介绍通过店内数据分析主推单品、设置通用计划推广商品、通过淘宝客活动广场引入流量的内容。

4.5.1　通过店内数据分析主推单品

参加淘宝客推广的卖家，在自己的店铺中最多可选择 30 件商品展示在淘宝客推广专区供淘宝客选择，淘宝客选择推广后即可展示在淘宝客的推广页面上，这些商品称为主推商品。图 4-39 所示为在通用计划中寻找 30 天推广量最高的商品作为主推单品。

图 4-39　在通用计划中寻找主推单品

一般店铺很少出现"每件商品都卖得很好、每件商品销量都名列前茅"的情况。在通常情况下，卖家需要找出店铺里最有潜力的主推单品进行引流，通过提升主推单品的销量来增加其他商品的流量。

卖家选择主推单品有如下技巧。

（1）店铺主推单品一定是销量很高的单品。主推单品应该具有点击率数据表现良好、加入购物车/收藏数据表现良好、转化数据表现良好的特点。

（2）主推单品要有一定的基础销量和好评数量，消费者都有从众心理，一定的基础销量和好评数量可以促进有效转化。

（3）主推单品要有一定的优势和卖点，卖家要思考自己的商品的竞争优势。

（4）主推单品应该达到高性价比，使消费者觉得买得值。

4.5.2 设置通用计划推广商品

通用计划就是卖家设置的类目佣金，所有的淘宝客都可以进行推广。

（1）通用计划的佣金比例通常设置为类目最低佣金比例。

（2）通用计划单品佣金比例可以不设置，或者设置得稍高于类目佣金比例。

（3）由于通用计划是全店加入，淘宝客不用申请就能直接进行推广，并且在店铺淘宝客积累不是很多的情况下，通用计划的推广量占全店推广量的比重较大，所以通用计划推广会成为店铺较长一段时间内的重要推广方式。

很多淘宝客是在淘宝联盟后台搜索主推商品的核心关键词，如图 4-40 所示。将其按照月推广量顺序，选择推广量排名靠前的商品进行推广，如图 4-41 所示。因此，卖家尽可能地提升商品在淘宝客的推广量，就有助于其在通用计划中曝光。

图 4-40 搜索主推商品的核心关键词

图 4-41   选择推广量排名靠前的商品进行推广

卖家可以参加第三方的推广，快速提高淘宝客的推广量，让自己的商品推广量排名上升。卖家只要能够维持商品的整体较好的成交趋势，整体的淘宝客流量就会慢慢提升，图 4-42 所示为淘宝客成交趋势。

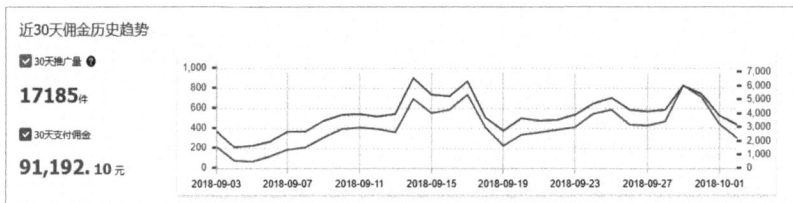

图 4-42   淘宝客成交趋势

4.6   通过淘宝客活动广场引入流量

图 4-43 所示为"淘宝客活动广场"页面，卖家可以根据每个渠道的引入流量和效果，来划分活动的属性，看看哪些高佣金的活动适合冲销量；哪些佣金比较低的活动可以作为性价比活动让买家长期参与。卖家通过持续的报名活动和筛选活动，可以积累一批推广效果、投入产出比俱佳的活动或平台，从而促进店铺流量的稳步增长。

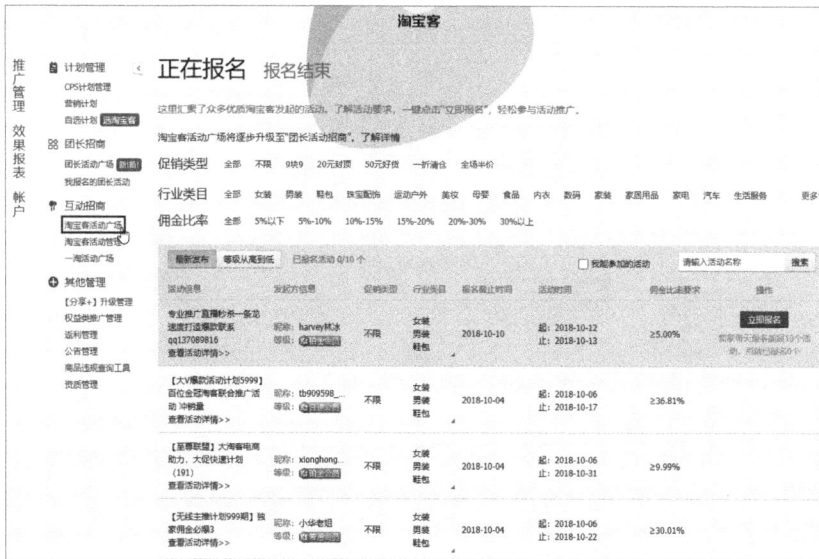

图 4-43　"淘宝客活动广场"页面

　　卖家要想找到优质的淘宝客活动，先要根据自身特点来判断促销的类型。淘宝客在创建活动（申请活动）时都会根据对应资源选择活动类型，只有匹配了精准的流量资源的活动，才能达到较好的效果。

　　卖家选择促销类型之后就要选择对应的行业，因为在"鹊桥"上创建的活动都会匹配比较广泛的类目。卖家选择好活动之后就要确定活动资源的基本信息和要求，如图 4-44 所示。

图 4-44　确定活动资源的基本信息和要求

待洽谈完成后，当卖家选择报名活动时，先选择主推商品，如图 4-45 所示。

图 4-45　选择主推商品

接着完善活动的佣金和创意设置，如图 4-46 所示。优质的佣金比例和创意有助于提升商品的审核通过率。

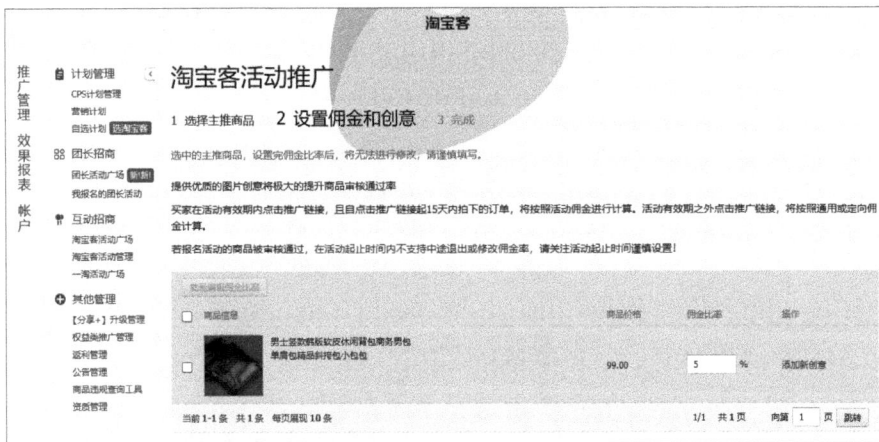

图 4-46　完善佣金和创意设置

4.7 习题

1. 填空题

（1）淘宝客推广是按照_____付费的，佣金就是卖家的推广成本。而淘宝客带来的展示、推广、流量都是免费的，只有成功推广出去，同时买家确认收货他们才能获取佣金。所以，对于卖家而言，淘宝客推广是_____、投入产出最高的。

（2）运营店铺一段时间的卖家都会知道淘宝客的重要性，但有很多卖家反映不知道怎么寻找淘宝客。通常，淘宝客分为_____淘宝客和_____淘宝客两种。

（3）_____意味着淘宝客推广商品时能得到更好的下单率，所以淘宝客付出相同的流量时，更愿意去推广_____率高的商品。

（4）爆款商品是指_____、_____的商品。在佣金比例合适的情况下，淘宝客更愿意去推广爆款商品，品牌背书表明卖家打造爆款商品的决心，有资金可以亏损做销量，淘宝客也愿意去推广这种商品。

2. 简答题

（1）什么是淘宝客推广？

（2）淘宝客推广有哪些优势？

（3）卖家如何加入淘宝客推广？

（4）卖家如何根据商品毛利率设置佣金？

（5）卖家如何为店铺招募更多的淘宝客？

（6）卖家如何通过淘宝客引入流量？

第 5 章

玩转促销策略

开店指导

　　随着开网店的卖家越来越多，想要吸引买家消费就变得越来越困难，因此卖家需要学会一些促销策略。卖家可以通过促销活动促进商品的流通、增加店铺的收入。

5.1　促销的时机

促销虽好，但不能什么时候都用，一般来说，促销的最佳时机有以下几种。

1．节假日

在节假日促销是目前卖家惯用的手法，尤其是像春节、情人节、劳动节、中秋节、国庆节等大型节日，更是卖家促销的好时机，如图 5-1 所示。

图 5-1　在节假日促销

当然，卖家在节假日进行促销也要结合店铺自身的商品实情及买家的特征，如果卖家是卖女装的，在"父亲节"进行促销显然就不合适了。

2．新品上架

在新品上架时促销，既能加快新品卖出的速度，又能吸引老买家的关注，提高他们的忠诚度。

3．季节性商品的促销时机

季节性商品的销售有淡旺季之分，并且每年都在重复着淡旺季的销售规律。

店铺在旺季开始前期，需要对市场进行一定的告知性促销，以预热市场，目的是使商品能够顺畅地流入市场，为商品销售旺季的到来打好基础，甚至可能达到提前启动旺季的效果。

4．店庆

店铺开张周年庆是促销的大好时机，不仅可以进行比较大的促销活动，还可以向买家展示店铺的发展历史，给人信任感。

5．换季清仓

一些季节性强的商品，换季促销活动力度一般都会比较大，而买家显然也很乐于接受换季清仓类的活动。

5.2　"淘宝秒杀"

"淘宝秒杀"是淘宝卖家发布一些超低价格的商品，要求买家在规定时间内抢购的一种促销方式。由于"淘宝秒杀"发布的商品价格十分低廉，经常在极短的时间内就被买家一抢而空。

淘宝平台上经常有一些"淘宝秒杀"的促销活动，买家用很低的价格就可以买下自己喜欢的商品，而卖家则可以凭借此活动获得大量的流量和知名度。可见，卖家做好"淘宝秒杀"活动，有助于店铺各方面的提升。

完善的准备是"淘宝秒杀"促销活动成功的前提，商品的筛选、包装、宣传及物流等都要进行精心地准备。图 5-2 所示为"淘宝秒杀"促销活动页面。

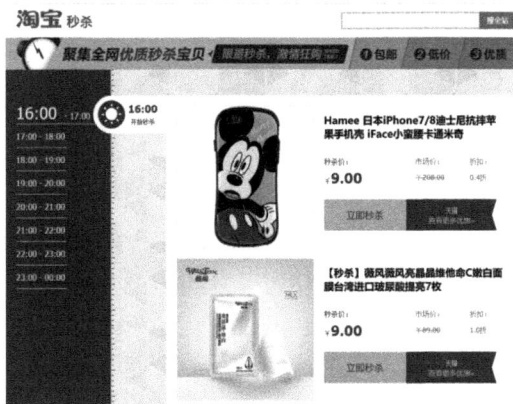

图 5-2　"淘宝秒杀"促销活动页面

卖家怎样做好淘宝秒杀促销活动呢？

1．选好商品

卖家选择的用于参加活动的商品的好评率要高，销量也要高。卖家需注意，千万不要因为商品在促销活动中价格很低，就降低商品的质量，因为只有让买家体会到超值的感觉，才能带来更多的忠实买家。

由于秒杀期间的进店流量巨大，故卖家在进行秒杀活动的同时，也要做好相应的关联营销，如卖家有一件裙装正在参加秒杀活动，就要同时推出相应的上衣搭配，这样不仅提升了买家的购物体验，还能促进更多的商品销售。

2．商品卖点挖掘

卖家在对参加活动的商品进行描述时，必须详细地描述商品的基本特征，对商品卖点进行深入挖掘，从而提供给买家更多的购买理由，促使其下单购买。

3．商品的包装

通常卖家在参加秒杀活动之前，就要把商品按照颜色、大小等特点打包好。这样在发货的时候就可以直接贴单邮寄，节省大量时间。

4．宣传推广

如果没有强有力的流量做支撑，秒杀活动的效果就会大打折扣，所以卖家要整合一切可以利用的资源，尽可能最大化地进行宣传。

（1）提前放出活动信息，可以在店铺内设置海报，让更多的买家知晓。买家在收到此信息后也有可能向身边的朋友进行传播。

此外，提前放出活动消息，卖家就有可能提前得到买家的反馈，这样便能更清楚买家的需求，也能及早发现自己的不足，从而可以及时调整和改正，并使商品的描述更加贴合买家的需要，使信息传达得更加准确。

（2）通过短信等方式告知老买家。对于已经认可店铺的老买家来说，秒杀活动有巨大的吸引力。如果商品之前的价格一直"坚挺"，那秒杀活动的巨大折扣，很可能会激发老买家的热情。卖家可以采用短信、旺旺留言、邮件等方式告知老买家。

（3）投放付费广告，是带来巨大流量的有效手段。注意，在投放付费广告之前，一定要做好投入产出核算。

（4）根据自身实际情况，卖家可以整合更多宣传资源。比如，卖家在进行秒杀活动的时候，可以和一些具有相近目标客户的优质卖家达成合作关系，在各自的店内设置对方的广告，这样也能带来不错的流量。

（5）后期跟进。秒杀活动在结束后仍旧会有巨大的余热，这个时候卖家就要制定其他营销策略，持续提升销量。另外，卖家还需要向大量尚未付款的买家发出付款提示，落实交易。

5.3　"满就送（减）"活动

"满就送（减）"这类活动是生活中各大商场和店铺最常见的促销方式。如今，这种促销方式也应用到淘宝店铺中，同样对买家有巨大的吸引力。

"满就送（减）"活动如今已经演化出了"满××元送礼物""满××元减现金""满××元包邮"等几种方式，卖家可以根据自身的特点选择一种或几种方式进行促销。

5.3.1　"满就送（减）"活动的作用

"满就送（减）"活动是一种变相的减价方式。这种促销方式的使用比较普遍，其具体作用如下。

1．提高客单价

通常买家购物时都带有一定的目的性，浏览时也许是在寻找自己要买的商品，或者虽然是在闲逛，但是一旦发现他们满意的商品也会马上下单。这时卖家通过"满就送（减）"的方式，也许可以促使买家购买更多的商品，从而提高客单价。

如图 5-3 所示，商品促销设置了"满 99 元时可使用 5 元的优惠券，满 199 元时可使用 10 元的优惠券，满 299 元时可使用 20 元的优惠券"等促销活动，提高了客单价。

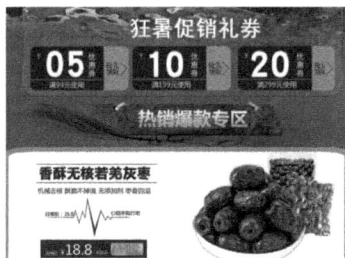

图 5-3　"满就减"活动

2．吸引买家下单

店铺不打折，买家会觉得商品贵，如果直接打折可以让买家少花钱，但是卖家却损失了利润。采用"满就送（减）"的方式可以达到类似直接打折的感觉，促使买家多消费、多下单。

如图 5-4 所示，店铺设置"满就送"活动，吸引买家下单。

图 5-4　"满就送"活动

3．减少亏损

卖家都乐意参加聚划算和淘金币之类的活动。如果商品折扣不够低，卖家是很难参加这些活动的，但以很低的价格参加，也许销售得越多，卖家亏损得越多。因此，既要保证折扣又要保证利润是卖家必须考虑的事情。卖家通过搭配销售的方式可以促使买家购买高利润商品，从而减少亏损，如图 5-5 所示。

4．冲销量

如果想将某一件商品推成爆款商品去冲销量，可以通过"满就送（减）"的方式促使买家进行更多的消费。在图 5-6 所示的促销活动中，买家买的商品越多，卖家送的优惠越多，其目的就是为了提高商品的销量。

图 5-5　搭配套餐

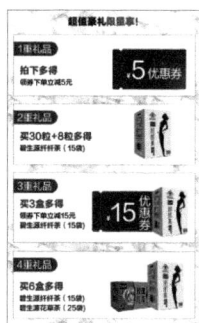

图 5-6　提高商品的销量

5．推新品

一件新品可以从没有任何销量变成一件爆款商品，这可以通过很多营销手段来实现。"满就送（减）"活动就是其中之一，其能够利用现有流量将新品推成爆款商品。卖家最好在所有商品中建立关联推荐，以搭配套餐形式制作新品折扣海报。

6．清库存

库存是一个令卖家很头疼的问题。特别是在类别比较多，同时更新比较快的行业，如女装、鞋类等。不管是传统公司还是电子商务公司都会有大量库存无法消化。因此，需要通过一些特殊的关联营销手段将库存尽快清理。卖家可以单独设置清仓活动，设置大力度阶梯折扣，例如可以设置"满 100 减 30 上不封顶"等。

7．吸引"回头客"

卖家都知道"回头客"很重要，但是真正将这个群体维护起来是很难的。很多卖家觉得商品售价打打折就可以让他们留下来，但是恰恰很多时候特别关注价格的买家并不是忠实的老买家，打折反而"伤害"本来忠实的老买家，这时候通过简单的"满就送（减）"活动也许就可以轻松获得"回头客"。

5.3.2　如何开通"满就送（减）"功能

前文已经介绍了"满就送（减）"活动的作用，那么卖家具体应该怎样开通"满就送（减）"功能呢？

（1）首先，登录"我的淘宝"，在"我是卖家"页面选择"营销中心"下的"我要推广"选项，载入"我要推广"页面，然后在该页面的"营销工具"中选择"满就送（减）"选项，如图5-7所示。

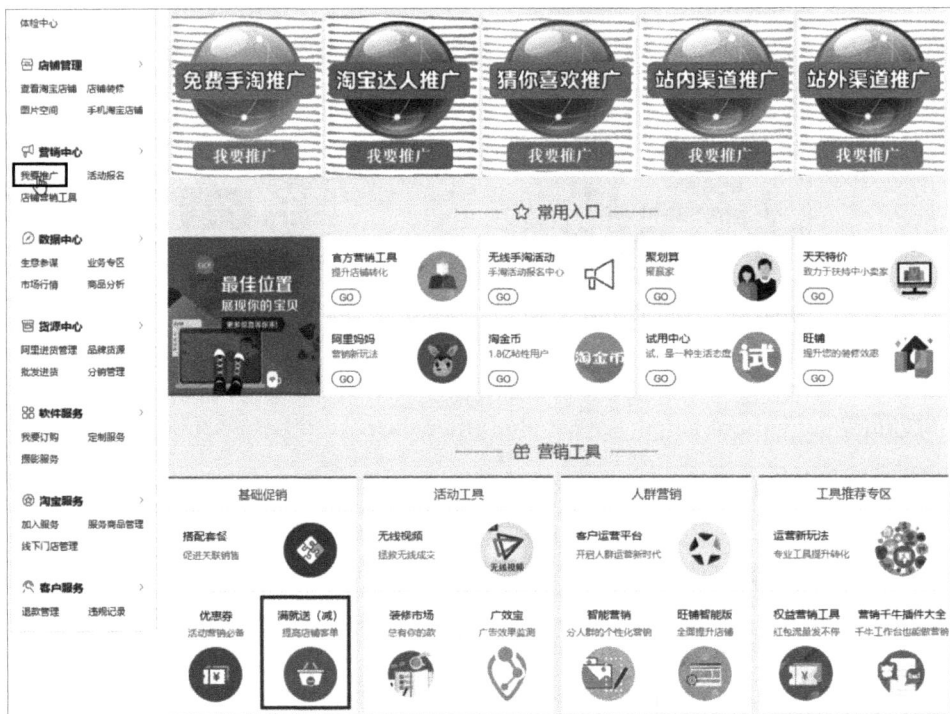

图5-7　选择"营销工具"下的"满就送（减）"选项

（2）进入"店铺宝"订购页面，单击"立即购买"按钮，如图5-8所示。此时"满就送（减）"功能全面升级并更名为"店铺宝"，支持"满就送（减）"等功能。

（3）进入"确认订单"页面。卖家详细了解了购买类型和购买期限后，单击"同意并付款"按钮，如图5-9所示。卖家支付成功后，就可以开通"满就送（减）"功能了。

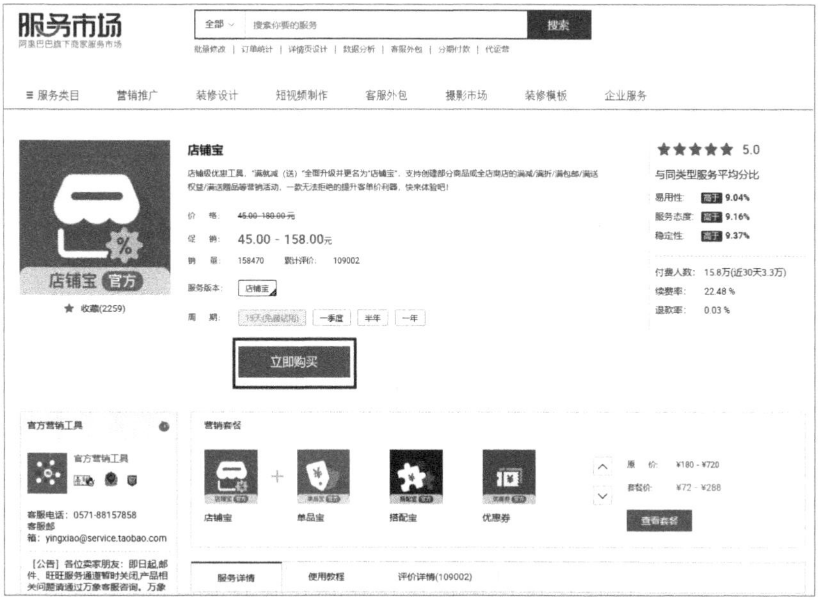

图 5-8　单击“立即购买”按钮

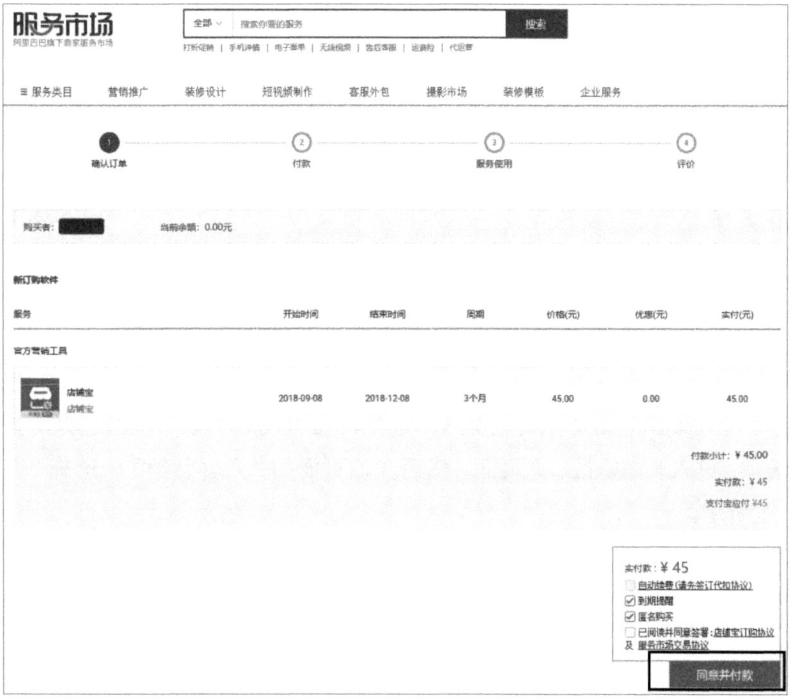

图 5-9　“确认订单”页面

5.4　店铺优惠券

店铺优惠券是一种虚拟的电子现金券，是卖家在开通营销套餐后，额外获得的一种很有效的促销工具。卖家可以在不用充值现金的前提下，为新买家或者不同等级的会员发放不同面额的店铺优惠券。买家在购买商品时可以使用获得的店铺优惠券抵扣现金。因为店铺优惠券是由卖家赠送给本店买家的，所以其只能在卖家的店铺内使用。另外，店铺优惠券经常与"满就送（减）"方式搭配使用，如图5-10所示。

图 5-10　店铺优惠券

店铺优惠券具有很大的选择空间，完全由卖家定义其发放的店铺优惠券的面额、对象及数量。

在很多卖家的印象中，店铺优惠券就是给买家的折扣金额，以吸引买家购买。而实际上并非如此简单，如果卖家不弄清店铺优惠券发放的目的和方式，优惠券活动不但无法吸引买家，甚至会导致老买家流失。

发放优惠券有客户运营平台批量发放优惠券、智能营销中的优惠券关怀两种方式，具体如下。

1. 通过客户运营平台批量发放优惠券

（1）登录"我的淘宝"找到"我是卖家"选项，在"我是卖家"页面选择"营销中心"下的"我要推广"选项，进入"我要推广"页面，然后在该页面的"人群营销"中选择"客户运营平台"选项，如图5-11所示。

图 5-11　选择"客户运营平台"选项

（2）进入"客户运营平台"页面，在"客户列表"的"成交客户"中选择需要发送优惠券的买家，然后单击"送优惠券"按钮，如图 5-12 所示。

图 5-12　单击"送优惠券"按钮

2. 智能营销中的优惠券关怀

（1）登录"我的淘宝"找到"我是卖家"选项，在"我是卖家"页面，选择"营销中心"下的"我要推广"选项,进入"我要推广"页面,在该页面的"人群营销"中选择"智能营销"选项,如图 5-13 所示。

图 5-13 选择"智能营销"选项

(2)进入"智能营销"页面,在"优惠券关怀"下单击"立即创建"按钮,如图 5-14 所示。

图 5-14 单击"立即创建"按钮

(3)进入"优惠券关怀"页面,填写活动基本信息并选择优惠券投放人群,如图 5-15 所示。

图 5-15　完善活动信息

5.5　淘金币

淘宝网为了让更多的买家经常光顾淘宝店铺，抓住买家喜欢抽奖、试运气的心理，推出了淘金币。

淘金币是淘宝网的虚拟货币，是淘宝网特有的一种积分营销工具。持有淘金币的买家能在淘宝网上参与多种商品优惠活动，如部分卖家提供的商品全额兑换、抽奖等活动，还能兑换包邮卡、运费险、电子书等服务与商品。

在淘宝网上，拥有淘金币也是资深淘友的身份象征和权利体现。图5-16所示为淘金币平台首页。

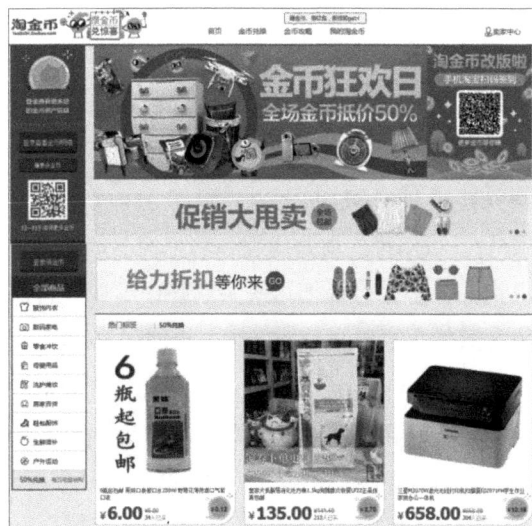

图 5-16　淘金币平台首页

卖家如果不利用淘金币活动,那么网店推广和促销就少了一个"利器"。使用淘金币有如下好处。

(1)搜索支持淘金币优先展示。商品搜索支持淘金币筛选,店铺搜索支持淘金币搜索直达,手机淘宝搜索支持淘金币优先展示。

(2)免费得淘金币展位。淘金币频道有专门的淘金币兑换抵值专区,卖家设置淘金币抵钱就有机会进入频道展示商品。

(3)增强买卖互动。每天有上千万个买家通过各种渠道赚取淘金币,卖家通过"发淘金币"活动,可以持续吸引买家进店进行互动。

(4)提高转化率。淘宝网上亿规模的买家持有大量的淘金币,卖家设置全店支持淘金币抵钱,可以吸引淘金币买家进店消费,提高店铺的成交量。

5.6 试用中心

阿里试用中心是全国较大的免费试用中心,其不仅将商品提供给买家试用,还有专业的试客分享平台。该试用中心聚集了上百万个试用机会,以及大量试客对各类商品全面、真实、客观的试用报告,可以为买家提供购买参考。

5.6.1 参加试用中心的好处

阿里试用中心能够快速地吸引目标买家,而且要求买家一定要反馈使用心得,因此只要卖家做好准备,免费试用带来的效果是远远超乎想象的。

卖家的商品参加试用中心,就有可能在试用期间增加店铺的曝光率和成交量,同时卖家还能得到宝贵的商品试用反馈信息。这样,卖家在赢得巨大流量和好评的同时也可以树立良好的品牌形象。参加试用中心的具体好处如下。

(1)参加试用推广赢好评。试用推广就是卖家免费把商品给买家试用,通过试用来赢得买家的好评甚至影响买家购买其商品。卖家可以把这些买家好评添加到店铺商品的详情页中,让其他买家可以看到这些好评,提升其他买家对商品的好感,进而促进成交。

(2)通常每个试用商品都可以获取大量的流量,并有独立的商品信息页,而这些商品信息页即使在试用结束后也会被长期保留,并直接链接到卖家店铺及商品详情页。如图 5-17 所示,该试用商品的申请人数众多,有 2 万多人申请试用。

图 5-17　商品的试用申请人数众多

（3）利用试用推广来提高店铺曝光率，扩大店铺知名度。卖家在试用中心平台上发起免费试用活动，能够快速地吸引大量买家的关注，获得更多的淘宝流量，使商品的收藏量更多、销售量更大、评价更多、转化率更高。这使买家在淘宝平台上进行相关关键字搜索时，该商品的排名也更靠前。

（4）卖家通过试用推广可以收集到更多店铺商品的试用图片。在卖家进行商品试用推广的过程中，得到试用资格的"试客"在试用商品后，会提交一份图文结合的试用报告。卖家可以收集这些试用报告中关于店铺商品的图片（细节图或买家秀等），然后把这些图片在店铺中进行展示。其一能节省店铺本身的摄影成本，其二能作为店铺的销售见证，其三能给店铺买家提供搭配建议，进而促进成交。

（5）卖家应与买家多交流。试用推广就是给卖家与买家提供互动交流的平台。在买家试用商品的过程中，卖家应多与买家交流，了解买家对店铺不满意的地方，改善店铺商品及服务，从而提高店铺信誉度。

（6）卖家可以借助试用推广完善店铺详情页。试客的试用报告中会有店铺商品的详细体验过程，包括图片和文字描述。卖家通过整理试用报告，将相关图片、文字描述放到店铺详情页中，能够让店铺商品描述与实物尽量相符，有助于提高店铺的评分，有利于提升店铺搜索排名，有利于给店铺引入更多流量。

（7）卖家借助试用推广，能够让买家帮助宣传店铺。试客得到试用商品后，如果体验良好，通常会帮助店铺把商品的体验感受分享到试客的社交平台，如个人微博、朋友圈等地方，以买家的身份帮助宣传商品，让店铺获得更多潜在买家的关注与信赖，给店铺带来一批试客粉丝，从而提高店铺销量。

5.6.2　报名网店试用推广

卖家报名试用中心的具体操作步骤如下。

（1）进入阿里试用首页，在"商家报名"下单击 "我要报名试用"按钮，如图 5-18 所示。

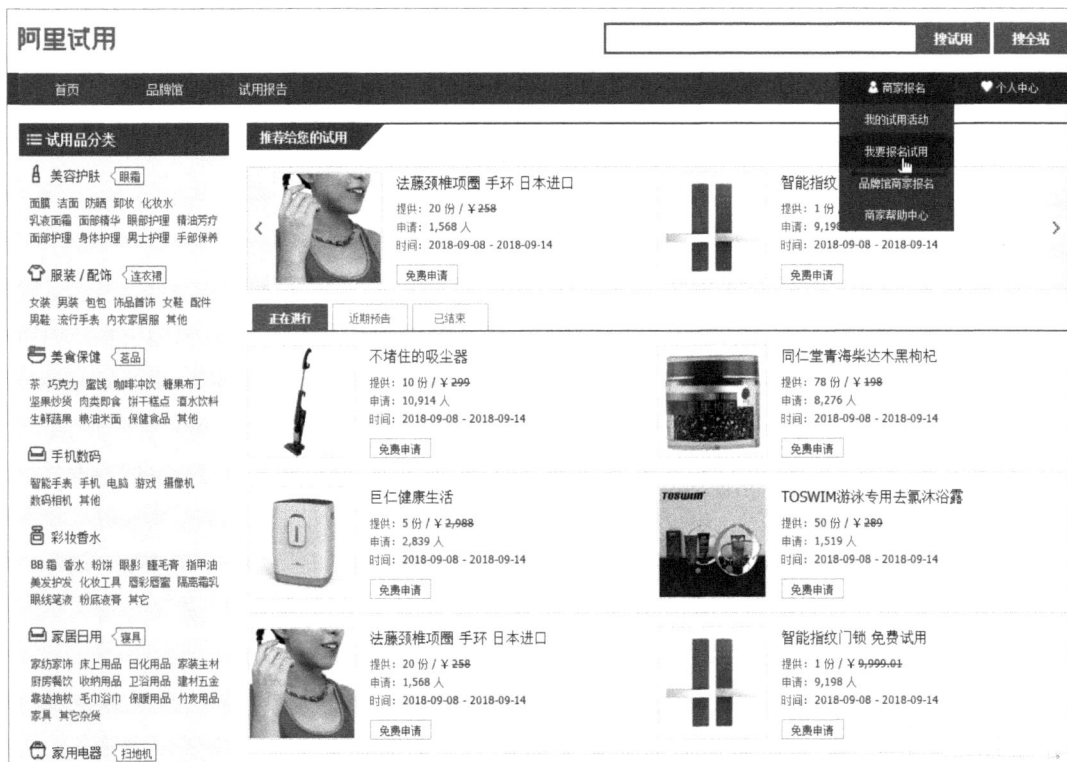

图 5-18　单击"我要报名试用"按钮

（2）在打开的页面中，查看"商家利益""试用流程""报名条件"等内容，然后单击"报名免费试用"按钮，如图 5-19 所示。

图 5-19 单击"报名免费试用"按钮

（3）接下来选择参加活动的日期，然后单击"我要报名"按钮，如图 5-20 所示。

图 5-20　选择参加活动的日期

（4）接下来填写报名信息，然后单击"提交报名申请"按钮，如图 5-21 所示。

图 5-21　填写报名信息

（5）弹出"报名确认"对话框，卖家确认自己的报名信息后，单击"确认提交"按钮，如图 5-22 所示。

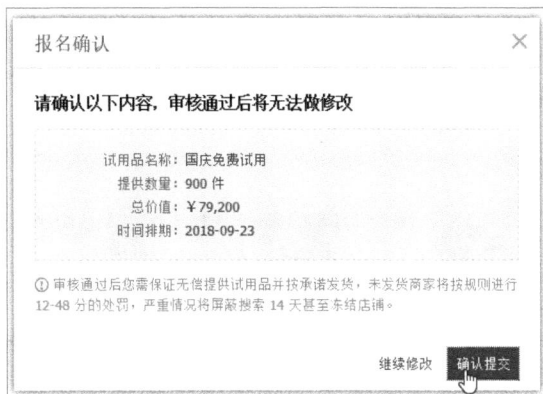

图 5-22　单击"确认提交"按钮

在试用商品申请提交成功后，淘宝小二会在一周内完成审核。审核通过后会有相关类目的试用小二联系卖家。

5.7　天天特卖

天天特卖是淘宝网扶持小卖家成长的营销平台。通过"淘宝网提供平台、优质卖家提供折扣单品、买家限时抢购"的互动模式实现三方受惠。小卖家可以借此获得展示机会，获取高流量，进行店铺推广。

天天特卖的功能定位是扶持小卖家成长。对处于起步阶段的卖家来说，有一个可以避免与大卖家竞争的专属促销平台非常难得，其可以帮助小卖家避开强有力的竞争对手，使店铺里性价比高的商品，有更多的机会展现在买家面前。

卖家报名天天特卖的具体操作步骤如下。

（1）登录淘宝网首页，选择"天天特卖"选项，如图 5-23 所示。

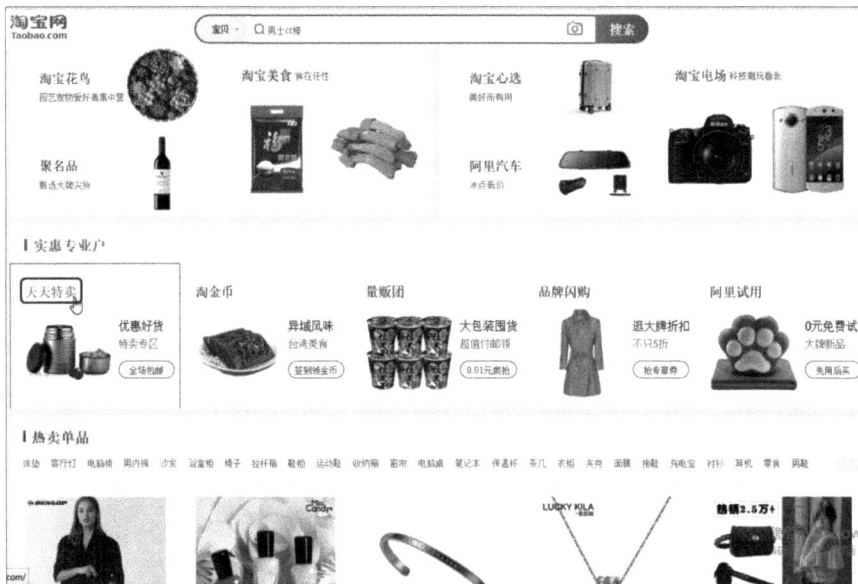

图 5-23　选择"天天特卖"选项

（2）进入"天天特卖"页面，单击页面右侧的"商家报名"按钮，如图 5-24 所示。

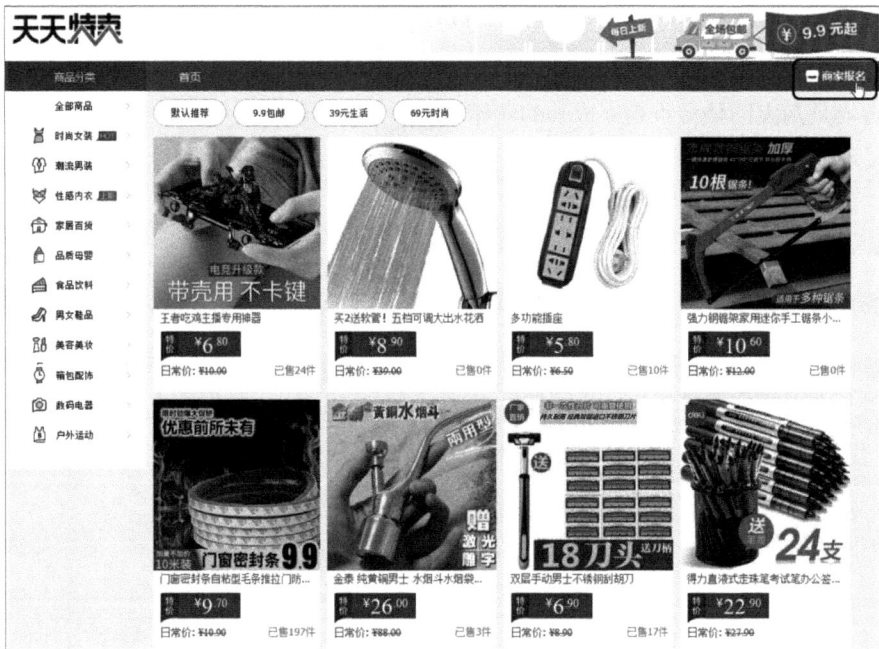

图 5-24　单击"商家报名"按钮

（3）进入"活动报名"页面，卖家选择一个特价活动，单击"去报名"按钮，如图 5-25 所示。

图 5-25　"活动报名"页面

（4）进入"活动详情"页面，然后单击"下一步"按钮，如图 5-26 所示。

图 5-26　单击"下一步"按钮

（5）进入"营销平台服务协议"页面，进行勾选后单击"提交"按钮，如图 5-27 所示。

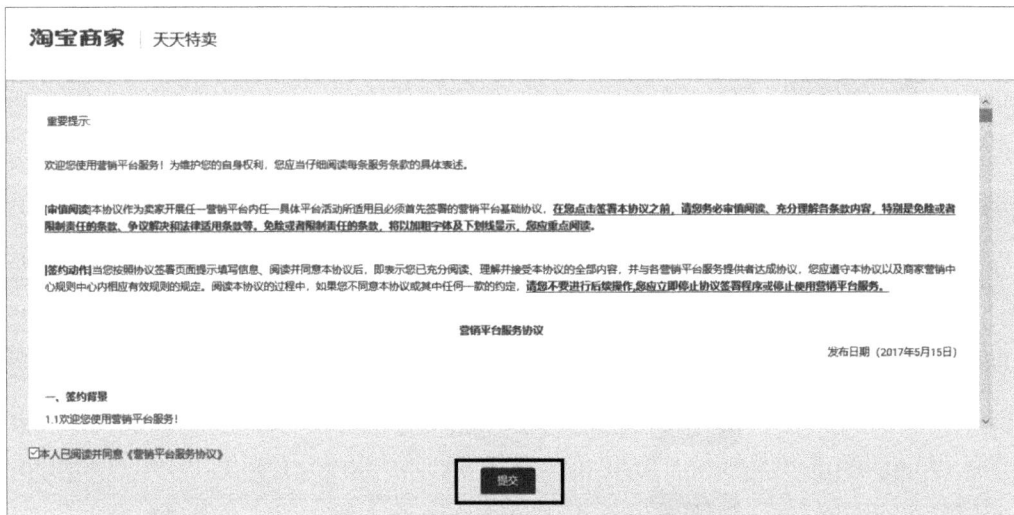

图 5-27　"营销平台服务协议"页面

（6）进入"填写基本信息"页面，单击"选择报名商品"后的"选择"按钮，如图 5-28 所示。

图 5-28　单击"选择"按钮

（7）进入"选择商品"页面，卖家选择一件要推广的商品，如图 5-29 所示。

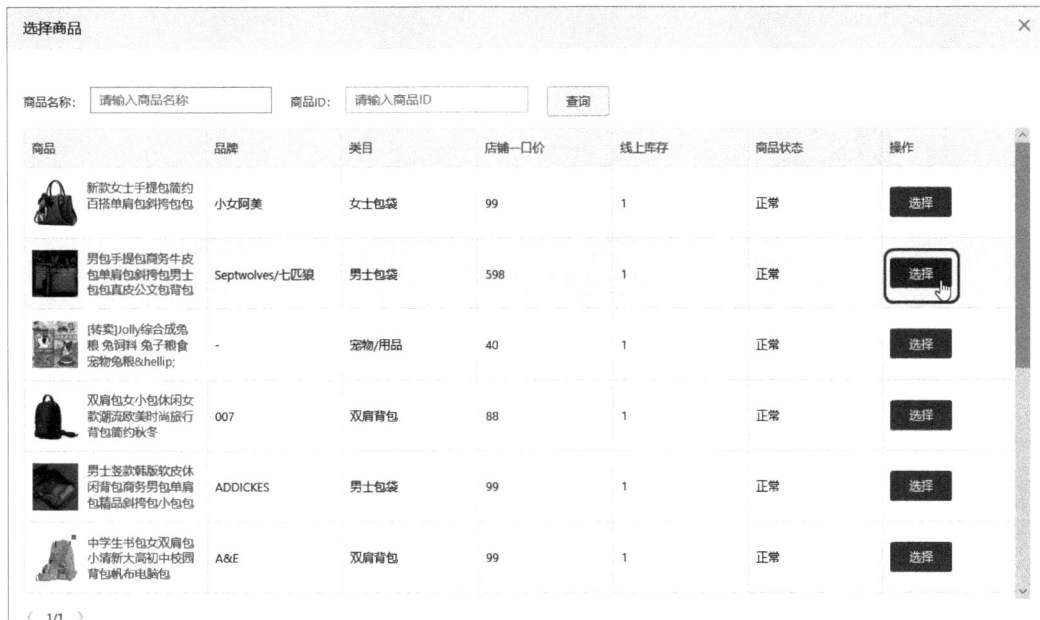

图 5-29 "选择商品"页面

（8）选择完商品后，单击"下一步"按钮，如图 5-30 所示。

图 5-30 单击"下一步"按钮

（9）进入"商品提交"页面，填写活动价格及数量，如图 5-31 所示。

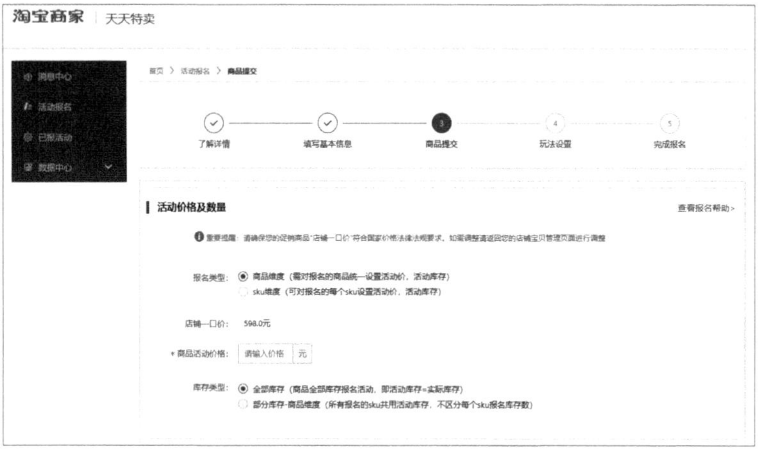

图 5-31 填写活动价格及数量

（10）然后填写具体的商品信息，如图 5-32 所示。

图 5-32 填写具体的商品信息

（11）接着填写资质证明和补充信息，如品牌授权、资质证明等，如图 5-33 所示。在此处卖家要提交真实、有效的资质证书。

图 5-33　填写资质证明和补充信息

（12）最后填写特价大促信息，填写完毕，单击"提交报名"按钮即可完成报名，如图 5-34 所示。

图 5-34　单击"提交报名"按钮

5.8 促销实战方法

促销活动对于卖家经营店铺是至关重要的，有时做好促销能让一家面临倒闭的店铺"起死回生"，下面我们将介绍一些比较常见的淘宝促销实战方法。

5.8.1 限时限量促销

利用人们喜欢实惠的心理，设计带有限制条件的商品促销广告，能使买家觉得不赶快抢购就会错过机会。例如，我们常看到这样一些广告："5 日之内，本商品 3 折出售，欲购者从速""优惠只限于前 100 名幸运者""10 月 1 日下午 2 点至 22 点，全场 5 折优惠"等。图 5-35 所示为一次限时促销商品的活动。

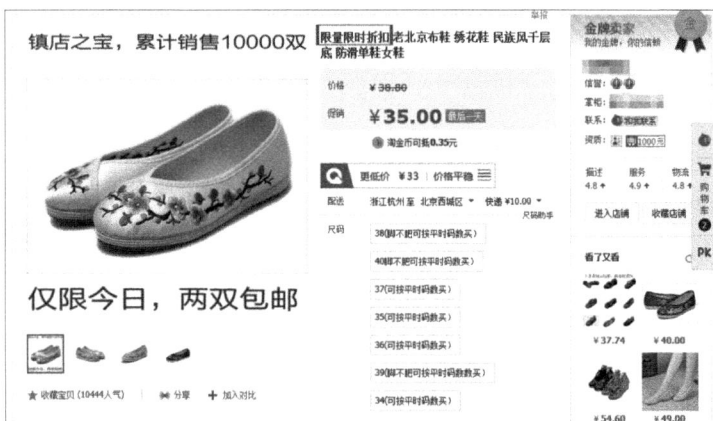

图 5-35 限时促销商品的活动

这种限时限量的促销广告，很好地抓住了买家的心理弱点。因为如果是随处可见、随时都可买到的商品，买家不会产生强烈的购买欲望，但如果是在规定的时间内抢购数量很少的商品，就能激起买家的购买欲望。

限时限量促销是一种很好的商品促销手段，但如果卖家不能掌握其中的诀窍，不仅不会取得很好的促销效果，反而可能会弄巧成拙。那么卖家该如何做才能使这种限时限量促销达到满意的效果呢？具体要把握好以下两点。

1．选择商品

流行商品、应季商品、大众化商品及单价不过高（也不太低）的商品一般是首选。

参加限时限量促销活动的商品根据不同的种类，建议定价为原价的 4～5 折。价格不能太低，如果太低就会让买家产生其是假货、滞销品的猜测，从而使买家失望和生疑。当然，为了提升吸引力，卖家可以偶尔选择一些非常优质的商品做几次大折扣活动，但不要太频繁。

2. 促销时间

很多限时限量促销活动的失败都与时机选择失误有关。一般来说，活动时间应该首选节假日、周末，另外尽量选择有大型促销活动（换季促销、周年庆、黄金消费周等）的时候，因为这时网上的人流量比较大，能带来更好的限时限量抢购效果。

5.8.2　赠品促销

在网上交易中，总会有买家这样问："有赠品吗？"当卖家回答"有"时，买家就会满心欢喜，以至于付款后，还要提醒卖家"发货时不要忘记赠品"。由此可见，买家在购物时大多都有这种心理。

赠品促销是一种非常有效的营销策略，它既可以快速地促进销售，又能有效地应对市场竞争，所以在网上销售商品时卖家可以考虑使用这种促销策略。

赠品促销就是卖家以"赠品"的形式向买家提供优惠，吸引其购买商品。如图 5-36 所示，此店铺通过赠品来达到促销商品的目的。

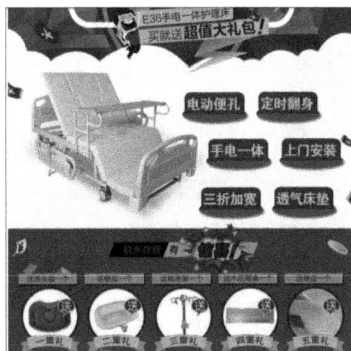

图 5-36　赠品促销示例

赠品促销是卖家常用的促销方式之一，它以一种实物（而非降价）的方式向买家提供优惠。这种方式虽然没有降价促销直接，但它可以以一种看得见的、实实在在的方式冲击买家的心理，同时增强品牌印象。

赠品可以是各种各样的，可以是销售的商品样品，也可以是一件特殊商品；可以是一件具有纪念意义的礼物，也可以是一种具有实用价值的生活用品；卖家可以将自己品牌的商品作为赠品，也可以将其他品牌的商品作为赠品。换言之，只要是适合的东西，都可以列入赠品的选择范围。

目前，赠品促销应用得比较多，可是多数的卖家对赠品促销活动没有统一的规划，选择了不合适的赠品，所以很多时候是"赔了夫人又折兵"，毕竟赠品也是需要成本的。

那么卖家该如何选择赠品呢？

1. 选择买家需要的赠品

如果赠品是买家不需要的，那么赠品对他们来说就没有任何吸引力。所以，卖家应该认真思考目标买家需要什么，然后根据他们的需要来选择赠品，这样才具有吸引力。

2. 赠品与商品要有相关性

有时候，卖家不确定该选择什么赠品才能让买家喜欢。因为卖家需要面对不同类型的买家，正所谓众口难调，选择出一个能让大家都喜欢的赠品并不容易。但如果卖家把赠品与正在销售的商品联系起来，那么这个问题就容易解决了。

赠品应当与商品有相关性，才能给买家带来最直接的价值感。如果赠品与商品相互之间紧密相关，则会提高促销效果。如图5-37所示，该商品设置的赠品活动为买相机送相机包。

图5-37　买相机送相机包

3．要保证质量

赠品也应该保证质量。如果卖家选择一些劣质赠品，就无法吸引买家，自然就失去了赠送的意义。如果卖家无法在赠品上进行投入，那就干脆什么都不要送；如果卖家已经决定使用赠品促销策略，那就一定要重视赠品的质量。

4．比对手要好

卖家在选择赠品之前，需要关注自身的竞争对手，看看他们的赠品促销策略是怎样的，尤其是那些销量较好的竞争对手。

卖家所选择的赠品应当比主要竞争对手的赠品价值更高，更能吸引买家，这样才具有竞争优势。买家购买商品时，通常会货比三家，赠品也是买家衡量的一个重要因素。

5．可以准备多份赠品备选

如果卖家担心单一的赠品不能打动某些买家的心，那就可以从多个角度来准备多件赠品，这样就能满足不同买家的需求，让买家在多件赠品之中任意选择一件或几件自己需要的。甚至卖家可以准备多件赠品，全部赠送给买家，用丰厚的赠品打动买家。如图 5-38 所示为提供多件赠品的商品。

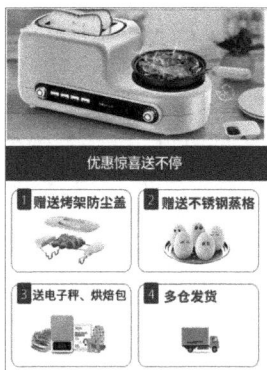

图 5-38　提供多件赠品的商品

6．合适的价值

卖家提供的赠品需要具有合适的价值：不宜太高也不宜太低，合适就好。赠品价值过低或者过高往往都不能取得较好的效果。

如果赠品价值太低，就无法吸引买家，如某店铺卖价值 8000 元的单反相机，只赠送普通的贴膜。这样的赠品价值过低，不仅无法吸引买家，还会让买家认为店铺缺乏诚意。

如果赠品的价值太高，一方面将花费更多的成本，另一方面价值高的赠品会引起买家的猜疑，尽管他们渴望得到更高价值的赠品，但也可能会认为店铺的商品标价虚高，结果干脆放弃购买。

因此，卖家要注意赠品不能"喧宾夺主"。商品是"红花"，赠品就是"绿叶"。赠品永远是为宣传商品服务的。

5.8.3 打折促销

打折促销是常用的一种阶段性促销方式，其直接让买家感受到了实惠，图 5-39 所示为某商品采用的打折促销方式。

图 5-39 商品采用的打折促销方式

那么打折促销的方式和优点有哪些呢？

1. 打折促销的方式

（1）不定期打折。卖家通常在重要的节日（春节、端午节、中秋节等）进行打折优惠，因为人们在节日期间往往更具有购买潜力和购买冲动。在这种促销活动中，卖家应选择那些价格调整空间较大的商品参加活动，而不是针对全部商品进行打折。

这种方式的优点是符合节日的需求，能吸引更多的人前来购买，虽然卖家打折后可能会造成利润下降，但商品销量会提高，总的销售收入不一定会减少，同时还提升了店内的人气，拥有了更多的买家，对店铺以后的销售也会起到带动作用。

（2）变相打折。变相折扣的本质就是利用打折促销来提升销量，只是在实际的实施过程中，不出现"打折"字样而已，如"加量不加价""买一送一""买二送一""捆绑组合销售"等就是常见的变相打折。

2. 打折促销的优点

（1）效果明显。价格往往是买家选购商品时比较关注的因素之一，特别是那些品牌知名度高的商品，因此打折是对买家冲击最大、也最有效的促销方法。打折促销可以帮助卖家减少库存量、加速资金回笼、配合其他促销活动。

（2）活动易操作。卖家可以在不同时间范围内、在允许的促销预算范围内，自由设置不同的折扣率。这种促销方法的工作量少，成本和风险也容易控制。

（3）简单有效的竞争手段。卖家为了应对竞争品牌商品的销售增长，可以及时采用打折促销方式刺激买家购买自家商品，抢占市场份额，打击竞争对手。

（4）有利于培养和留住老买家。打折促销活动能够塑造物美价廉的商品形象，吸引已经使用过本商品的买家重复购买，从而形成稳定的消费群体。

5.8.4　包邮促销

网络购物的邮费问题一直是买家关注的焦点之一，这会影响买家对于网购价格优惠的感知。当前物流方式主要分为包裹平邮、物流快递、特快专递等。平邮的价格较低，但周期较长；物流快递价格适中且送货周期为 3～5 天；特快专递的价格昂贵但速度快。因此，物流快递是最容易被买家接受的物流方式。卖家可以根据买家所购买商品的数量来相应地减免邮费，让买家从心理上觉得就像在家门口买东西一样，不用支付其他任何附加费用。图 5-40 所示为包邮商品的促销活动。

图 5-40　包邮商品促销活动

5.8.5 积分促销

积分促销作为一种有效巩固和激励老买家重复购买的促销手段，在促销活动中被广泛使用。如果买家有重复购买商品或者服务的需求，那么吸引他们再次消费的成本要远远低于重新开发新买家的成本，因此很多卖家越来越多乐于采用积分促销的方式来留住老买家。

积分促销在网络上的应用更加简单，其很容易通过编程和数据库等来实现，并且结果可信度很高，操作起来相对方便。积分促销活动一般会设置价值较高的奖品，买家通过多次购买或多次参加某项活动来增加积分以获得奖品。

积分促销可以增加买家访问店铺和参加某项促销活动的次数，可以增加买家对店铺的忠诚度，可以提高促销活动的知名度等。图 5-41 所示为某店铺的商品积分促销活动。

通常会员买家每消费一次，卖家就会给其累积一定数量的积分，这些积分可以用于兑换赠品或在以后的消费中代替现金使用。

图 5-41　商品积分促销活动

5.9　店铺常用的其他促销手段

简单来讲，促销就是将商品成功销售出去所采取的一切可行手段。促销策略也是一门学问，那么除了前面讲述的促销手段，还有哪些促销手段呢？

5.9.1　淡季也可变旺季

销售的淡、旺季交替正如季节的轮换，店铺经营中出现淡季是正常现象，这是由市场本身的特征决定的，不是店铺可以改变的，但这并不意味着卖家在淡季就无计可施。

卖家如果能在销售淡季使自家商品的销售"一枝独秀"，不仅可以提高店铺的销售业绩和商品的知名度，还可以为即将到来的销售旺季打下坚实的基础，在未来的竞争中抢占先机。因此，卖家必须明确洞悉市场淡季的需求，想办法抓住需求特点，提高销售业绩，改变淡季的营销思路。

（1）卖家在销售淡季首先要做的是调整心态。有些卖家认为淡季来临了，即使投入再多，也不会有很好的收获，不愿再像旺季那样去投入和宣传了。卖家要树立"销售无淡季"的意识，只要多下功夫、多花心思，总会找到出路的。

（2）在销售淡季，卖家要想制定出有针对性的销售策略，必须先了解买家对商品的需求，然后抓住需求、创造需求，引导消费，提升销售业绩。

（3）如果商品质量不好，卖家就要不断寻找和开发好的货源，果断放弃不好的货源。积极学习和研究销售哪种商品最适合，积极和厂家沟通协调，同时要保证货源的稳定、高效和优质。

（4）寻找新的利润增长点。销售淡季产生的一个主要原因就是商品无法满足买家的现实需求，因此，卖家要增加新的商品功能以满足买家的现实需求。

（5）为即将到来的销售旺季备足货源。在销售淡季，卖家往往有比较多的空闲时间，卖家可以充分利用好这段时间，多接触一些供货商，调整并备足自己的货源。卖家还可以多看一看市场，就会知道在即将到来的销售旺季哪种商品会更抢手。

（6）加深与买家的感情。在销售淡季里，卖家可以多花时间与买家进行沟通，维护与买家之间的关系，这是一种"攻心战术"。

（7）利用一切可以利用的资源宣传店铺。淡季生意比较清淡，卖家有时间写原创帖和软文，在社区中推广店铺，并积极运用其他各种方法推广店铺。

另外，在这段时间里，卖家还可以积极装修美化店铺，对不满意的商品图重新拍照和设计，从而完善商品描述。

店铺销售的淡、旺季是客观存在的，关键是看卖家用什么心态去看待。卖家要想在销售淡季里提升销售业绩，必须改变经营观念，树立"销售无淡季"的意识，只有以积极的心态引导买家，才能提升销售业绩。

5.9.2　抓住节假日赚人气

节假日已成为买家重要的消费时间，店铺节假日的销量占了总销量的大部分。每当节假日来临之际，各个卖家便"摩拳擦掌"，希望通过节日促销来提升销售量。

如何充分利用节假日带来的契机做好促销活动，成为摆在卖家面前的重要课题。

1．做好策划，有备而战

"商场如战场"，在节假日促销之前，卖家要有详细的规划，这样才能运筹帷幄，抢占先机。卖家要针对节假日的特点、网上买家的需求及目前的流行趋势来进行策划。策划的内容包括有针对性的人群分析、活动如何宣传、以什么样的形式促销、备货是否充足、活动所达到的预期效果等。

2．采取多种促销手段，让买家获益

在节假日，大多数买家在关心商品质量和款式的同时，也希望购买商品时可以获得更多的实惠。卖家要选择合适的促销组合手段，如向购买商品的买家发放赠品、打折出售特定的商品、让购满一定数目的买家参加抽奖活动、进行"买一送一"活动等。卖家只有正确选择促销手段，才能保证节假日的销售额持续增长。

利用不同种类、不同系列的商品搭配销售也是店铺进行成功促销的法宝，这样不但可以提升客单价，还可以达到活跃气氛的作用。

3．参加淘宝、天猫的活动

在节假日期间，卖家参加淘宝、天猫的活动，如"双11""双12"等将会大大促进商品的销售，如图5-42所示。

图5-42　"双11"活动

4．丰富的商品是关键

节假日虽然是销售的高峰时段，但卖家只有在保证货源充足、货物优质的情况下，才能实现销售额的稳步增长。卖家的各种销售策略只是辅助手段，款式多样、琳琅满目的商品才是吸引买家的关键。所以，在节假日期间，卖家要保证商品的款式、质量及货物量，才能保证销售业绩更上一层楼。

5．优质的店铺节日装修

两家拥有相似商品的店铺，其中一家和平时的风格没有什么差别，另一家洋溢着浓郁的节日

气氛，买家会选择哪家呢？店铺营造温馨而喜庆的氛围，会令到来的买家有种温馨的感觉。他们就会更多地浏览店铺，从而带来更多的成交机会。

5.9.3　怎样做好销售旺季的促销

一般来说，店铺在销售旺季的营业额占店铺营业总额的70%以上。卖家要想实现旺季热卖，需要注意以下几点。

（1）做好调研工作，设计科学的促销方案。知己知彼，百战不殆。只有掌握尽可能多的市场信息，卖家才能制定出切实可行的促销方案，做到有的放矢。

（2）提前准备好商品，保证货源充足。这一点是店铺在销售旺季能否热卖至关重要的一点。

（3）及时发掘出重点推荐商品，尤其要保证这类商品货源充足。

（4）促销措施一定要实施到位，同时要在店铺内营造商品热卖的氛围。重点商品要搭配一些促销或优惠活动——促销活动不一定要多但一定要有。卖家要掌握一些买家的购物心理，进行人性化合理设置，才会起到较好的效果。例如，卖家开展"满 69 全国包邮"活动，不少买家在购物金额不足时都会选择再买一件商品，以达到包邮的目的，如图 5-43 所示。

图 5-43　"满 69 全国包邮"活动

（5）到了销售旺季，卖家可以装修一下店面，给买家留下良好的视觉印象。

（6）保证营业时间充足。时间也是决定店铺销量的重要因素。特别是在销售旺季时，卖家更应该保证营业时间，店铺才有可能提高销量。

旺季促销是一门学问，值得每位卖家来学习、总结。卖家只有理解了促销的真正要义，在实战中把握其脉搏，才能在与其他店铺的竞争中抢占先机，实现销量的稳步快速提升。

5.9.4　借助卖点进行店铺的推广

开网店虽然容易，但也有风险。因此，卖家要对市场定位、经营方向等进行全方位规划，找准独特的卖点，然后借助这些独特的卖点进行推广，才有机会获得成功。

（1）卖时尚。由于网络的特点，买家以学生和年轻白领为主，具有年轻化和时尚化的特征，因此店铺在组织商品时要充分考虑到这些主流买家的消费需求。图 5-44 所示为店铺销售时尚的商品，容易实现畅销。

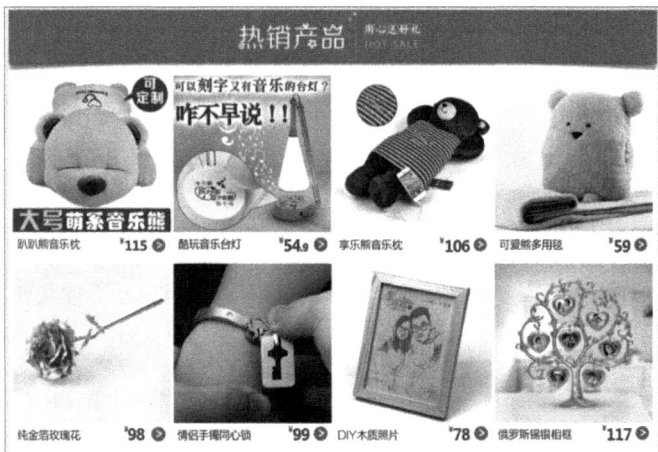

图 5-44　店铺销售时尚的商品

（2）卖渠道。如果卖家有特殊的进货渠道，可以保证自己的商品独一无二，就能"独树一帜"。

（3）卖爱好。许多人开网店是出于自身的爱好，如一些收藏爱好者把自己的藏品拿到网上销售，与志同道合者分享收藏的快乐，这样也能另辟蹊径，建立自己独特的优势。

（4）卖服务。有一类卖家不卖商品而是卖服务，为其他店铺提供"后勤服务"。例如，由于商品的图片是卖家吸引买家的主要手段，那么提供图片制作和设计等服务就会受到卖家的欢迎，这样就可以拓展出另一个市场，如图 5-45 所示。

图 5-45　店铺提供设计图片服务

另外，不要忽视小单生意。其实，电子商务跟传统商务一样，只有重视每一单小生意，才会慢慢积累客户和经验，为以后的成功打下坚实的基础。

5.9.5 口碑营销，树立自己的品牌

口碑营销的特点就是让买家从一种商品或服务中获得不凡的用户体验，使其出于自己的感受把商品或服务传达给第三者，从而让其他人了解这种商品或服务。

因为口碑营销是利用人与人之间的相互传播，而且基本上是通过同事、同学、朋友、亲戚等传播和交流，所以可信度非常高。口碑营销的最大特点就是可信度高。

口碑营销的优势主要有以下几点。

1. 宣传费用低

口碑营销基本上不需要其他更多的投入，节省了大量的广告宣传费用。与直通车和淘宝客等的宣传费用相比，口碑营销的成本是最低的。

2. 可信度高

一般情况下，口碑营销都发生在同事、同学、朋友、亲戚等关系较为亲近或密切的群体之间。在口碑形成之前，他们之间已经建立了一种特殊的关系。相对于纯粹的广告、促销、公关、卖家的推荐等而言，他们之间的"口口相传"可信度更高。另外，一种商品或服务只有形成较高的满意度，才会被广为传诵，才会形成一个良好的口碑。因此，口碑营销的信息对于受众来说，具有可信度非常高的特点。

3. 针对性强

大多数买家对口碑的信任度超过对其他评价信息的信任度。大多数买家喜欢在自己的社交网络中讨论商品或服务并分享信息，而看到他们分享的信息的人可能就是需要这些商品的人，这样"口口相传"的方式在针对性方面就要优于其他广告宣传方式。

4. 提升店铺形象

口碑营销不同于广告宣传。口碑是店铺形象的象征，而广告宣传仅仅是店铺的一种商业行为。当一个店铺赢得了较好的口碑之后，其知名度和美誉度往往就会比较高，这比单纯靠广告推广堆砌的知名度有更好的销售效果。

5. 发掘潜在买家的成功率高

人们出于各种各样的原因，热衷于把自己的经历或体验分享给他人，如自己新买手机的性能如何好等。如果买家的经历或体验是积极的、满意的，他们就会主动热情地向别人推荐，这可以帮助店铺发掘潜在的买家。一项调查表明：一位满意的买家会引发 8 笔潜在的订单，其中至少有一笔可以成交；而一位不满意的买家足以影响 25 人的购买意愿。有句老话"一传十，十传百"说的就是这个道理。

6．能够避开对手的"锋芒"

在口口相传中，传播差异化的体验是最有效果、最能让新买家牢记的一种方式。这种体验的分享能够避免同质化竞争的价格战，可以迅速从中脱颖而出。

5.10　习题

1．填空题

（1）淘宝平台上经常有一些"淘宝秒杀"的促销活动，买家用很低的价格就可以买下自己喜欢的商品，而卖家则可以凭借此活动获得大量的＿＿＿＿＿＿。可见，卖家做好"淘宝秒杀"活动，有助于店铺的各方面的提升。＿＿＿＿＿＿是"淘宝秒杀"促销活动成功的前提，商品的筛选、包装、宣传及物流等都要进行精心地规划。

（2）"满就送（减）"这类活动是生活中各大商场和店铺最常见的＿＿＿＿＿＿。

（3）店铺优惠券是＿＿＿＿＿＿，是卖家在开通营销套餐后，额外获得的一种很有效的促销工具，卖家可以在不用充值现金的前提下，为新买家或者不同等级的会员发放不同面额的店铺优惠券。买家在购买商品时可以使用获得的店铺优惠券抵扣现金。

（4）＿＿＿＿＿＿是淘宝网的虚拟货币，是淘宝网特有的一种积分营销工具。持有＿＿＿＿＿＿的买家能在淘宝网上参与多种商品优惠活动，如部分卖家提供的商品全额兑换、抽奖等活动，还能兑换包邮卡、运费险、电子书等服务与商品。在淘宝网上，拥有＿＿＿＿＿＿也是资深淘友的身份象征和权利体现。

2．简答题

（1）促销的时机有哪些？

（2）如何做好淘宝秒杀促销？

（3）"满就送（减）"促销的作用是什么？

（4）使用"店铺优惠券"做促销有哪几种方式？

（5）怎样利用淘金币吸引优质流量？

（6）怎样参加淘宝天天特卖促销？

第6章

淘宝活动

开店指导

随着电子商务的快速发展，各类卖家蜂拥而至，卖家对于流量的竞争也更加激烈，一般认为谁的店铺能获得更多的流量就意味着谁的生意更好。对于广大的中小卖家来说，免费流量的获取需要经历较长的时间，需要通过策划各种活动进行宣传推广，以吸引买家的关注，最终达到获取流量的目的。利用策划活动吸引流量是个非常好的方法，一方面因为其适用性强，适用于任意店铺；另一方面它可以提升买家满意度，增强买家黏性，并可以直接带动业绩的增长。

6.1　淘宝活动概述

为了吸引买家的注意，提高淘宝店铺的销量，卖家可以去设置一些淘宝活动，让店铺商品报名参加淘宝官方的营销活动，如聚划算、淘抢购、无线手淘活动、淘宝群活动等，这些均是淘宝活动的具体表现形式。

下面笔者将从三个方面对淘宝活动进行阐述，分别是淘宝活动的作用、淘宝活动的报名规则及淘宝活动报名。卖家只有了解了淘宝活动，才可以更好地利用淘宝活动引入流量。

6.1.1　淘宝活动的作用

淘宝活动可以为卖家带来更多的流量，是提高店铺销量的重要营销手段。具体来说，淘宝活动主要有以下几方面的作用。

1．带来流量

成功的淘宝活动可以为店铺吸引更多的流量，不过这种活动带来的大量流量通常只是暂时性的，往往活动一结束，流量就会快速回落。

2．带动销售

一场传统的营销活动，也有可能带来价值很高的订单。在互联网上，好的营销活动会对销售产生巨大的推动作用。

3．提升品牌知名度

大型的淘宝活动会在行业内及买家中引起非常大的反响，成为被关注的焦点，这样品牌知名度就会得到很大的提升。

4．带来分享内容

卖家可以通过淘宝活动吸引买家分享，如通过举办买家秀活动，让买家在论坛、博客、微信朋友圈中写一写使用商品的感受、做一些评论，就可能会带来良好的口碑效应。

5．提升买家忠诚度

丰富多样的活动会提升买家的忠诚度。卖家还可以定期做"老客户回馈活动"，来提升买家的忠诚度。卖家也可以尝试其他不同的活动类型，但注意避免直接用降价的方式。图 6-1 所示为卖家通过"老客户感恩回馈"活动来提升买家忠诚度。

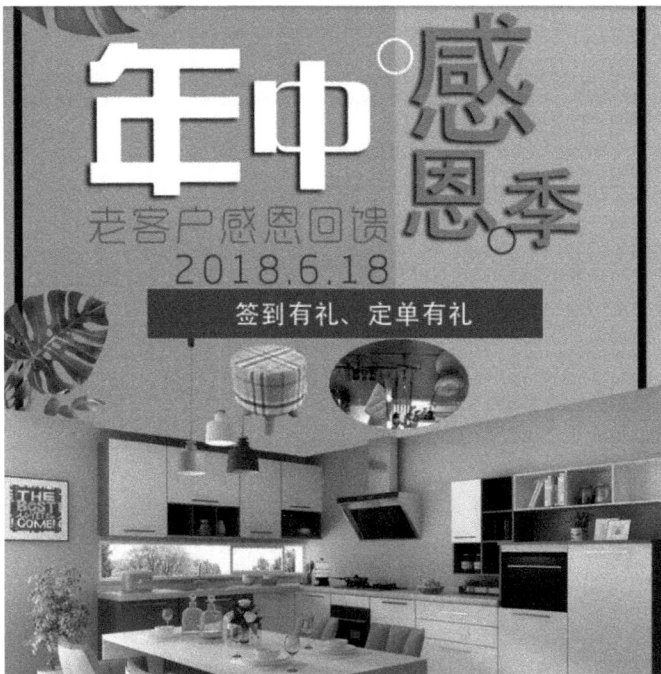

图 6-1　"老客户感恩回馈"活动

6.1.2　淘宝活动的报名规则

淘宝活动有很多种，参与要求也各不相同。卖家若想成功报名参加淘宝活动，先要透彻地了解淘宝活动的报名规则。

淘宝活动的报名规则主要包括两部分：一是卖家通过淘宝官方营销活动中心的考核，二是报名商品通过淘宝官方营销活动中心的考核。

淘宝官方营销活动中心对卖家的考核主要是对卖家的店铺类别、物流服务、近 30 天店铺纠纷退款、店铺服务态度、是否因违规正在处罚期等方面进行考核。

淘宝官方营销活动中心对报名商品的考核主要是考核商品图片、商品价格、商品类目、商品库存是否在规定范围内、商品是否应季、商品是否适合这个活动等方面，也会查看商品是否有品牌授权及相关安全认证。一般来说，淘宝活动对于商品描述中的图文相关设置也有一定要求，如报名商品的主图、标题、内页等都要符合活动报名规则。如图 6-2 所示是淘宝活动"'买手全球 GO'10 月 18—19 日服饰站"的规则。

图 6-2　淘宝活动的报名规则示例

卖家可以将具体活动的报名规则制作成一个表格，如表 6-1 所示。卖家要制作一个活动报名规则的表格就要先弄清该活动对卖家的要求，再弄清其对商品的要求及其他一些相关要求。

表 6-1　淘宝活动报名规则表格

活动名称	信誉资质	店铺类别	店铺动态评分	是否违反要求	是否收费	宝贝数量/件	活动时间
2019 淘宝夏上新	信用需在 1 钻至 5 金冠之间	女装	4.7 分及以上	否	否	1000 以上	2019/04/12—2019/05/07
饰品风格店日常活动	信用需在 5 钻至金冠之间	珠宝	4.6 分及以上	否	否	500 以上	2019/03/12—2019/04/27
卖家资源日常女鞋鞋柜活动	信用需在 5 钻至金冠之间	女鞋	4.6 分及以上	否	否	2000 以上	2019/05/12—2019/05/27

6.1.3　淘宝活动报名

了解了淘宝活动的报名规则后，就可以开始报名了。虽然淘宝活动有很多，但淘宝平台的活动报名入口大致可以分为以下几种。

（1）第一种，进入"卖家中心"页面，选择左侧"营销中心"中的"活动报名"选项，就会出现一系列活动报名的相关内容，如图 6-3 所示。

图 6-3　选择"活动报名"选项

（2）第二种，进入"卖家中心"页面，选择左侧"营销中心"中的"我要推广"选项，这里也有很多其他可报名的活动，如聚划算、淘金币、天天特卖、淘抢购等，如图6-4所示。

图6-4　选择"我要推广"选项

（3）第三种，淘宝论坛经常会举行一些活动，非常适合刚起步的卖家，图6-5所示的"淘宝论坛"页面中"潮流服饰"板块下面的"淘宝男装红人卖家招商帖"就是一个活动，单击进入就会有具体入驻资质和报名入口等相关方面的介绍，如图6-6所示。

图 6-5　淘宝论坛活动示例

图 6-6　入驻资质和报名入口等相关内容介绍

6.2　常见的淘宝活动

不同的淘宝活动会针对不同的卖家群体。常见的淘宝活动有聚划算、淘抢购、行业营销活动、淘宝群及淘宝嘉年华等。下面笔者将介绍其中的几个活动。

6.2.1　聚划算

淘宝、天猫的卖家已经把聚划算当作推广店铺、打造人气商品的首选平台，而买家在这个平台花很少的钱就能买到喜欢的商品，聚划算实现了卖家和买家的双赢。聚划算首页如图 6-7 所示。

图 6-7　聚划算首页

聚划算拥有强大的粉丝团，再加上十几个官方大流量入口，保证了其巨大的买家流量，从而能给商品带来巨大的销量。

卖家参加聚划算能迅速提升店铺流量，参加聚划算的商品销售量比没有参加聚划算的商品销量高出很多。如图 6-8 所示，参加聚划算的商品销售达 6 万多件。参加聚划算的商品一般都能成为店铺的爆款商品。此外，参加聚划算还能使店铺快速曝光，使店铺的更多商品被买家看到，从而增加其他商品的销量。

图 6-8　参加聚划算的商品销量巨大

卖家报名参加聚划算的具体操作步骤如下。

（1）进入聚划算首页，单击顶部的"商户中心"按钮，如图 6-9 所示。

图 6-9　单击"商户中心"按钮

（2）进入"淘宝商家"页面，单击"我要报名"按钮，如图 6-10 所示。

图 6-10　单击"我要报名"按钮

（3）进入"营销活动中心"页面，卖家在"推荐频道"中选择一种活动，如"聚划算客户端 1 元拼团"活动，然后单击"去报名"按钮，如图 6-11 所示。

图 6-11　选择一种活动

（4）进入"聚划算客户端 1 元拼团"活动的"了解详情"页面，如图 6-12 所示。

图 6-12　"了解详情"页面

（5）进入"聚划算卖家运费险协议（卖家版）"页面，阅读完成后进行勾选，单击"提交"按钮，如图 6-13 所示。提交完成后，即完成报名。

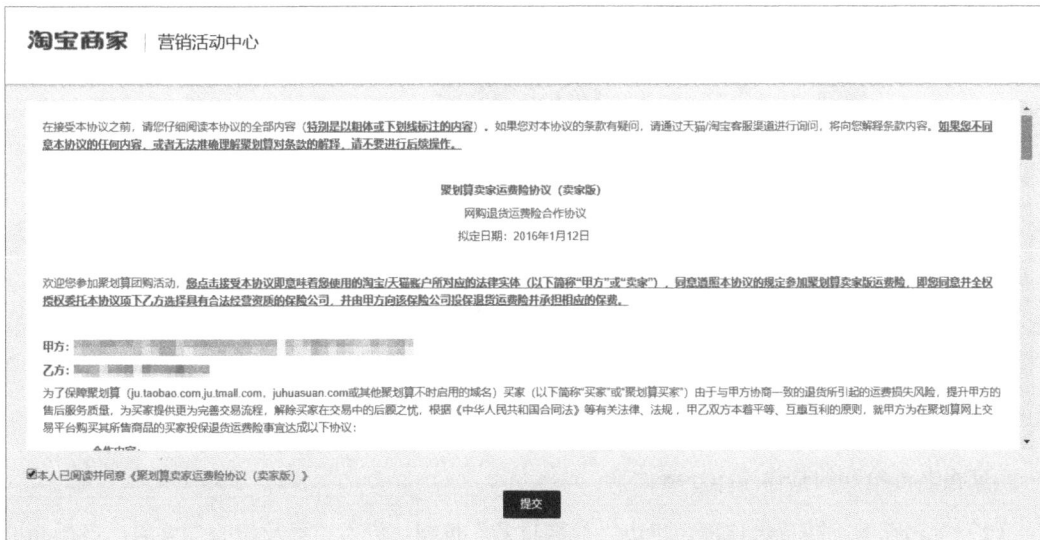

图 6-13　"聚划算卖家运费险协议（卖家版）"页面

6.2.2　淘抢购

淘抢购是淘宝无线端重要的营销产品，受到卖家的欢迎。目前，淘抢购的活动形式以时间为维度，每天分场次进行，所有商品限时、限量售卖，场次有 8 点场、10 点场、11 点场、12 点场、13 点场、14 点场、15 点场、17 点场、19 点场、21 点场。图 6-14 所示为淘抢购首页。

图 6-14　淘抢购首页

卖家报名淘抢购的具体操作步骤如下。

（1）卖家在淘抢购首页顶部，单击"商家报名"按钮，进入"商户中心"页面，再在此页面中单击"我要报名"按钮，如图 6-15 所示。

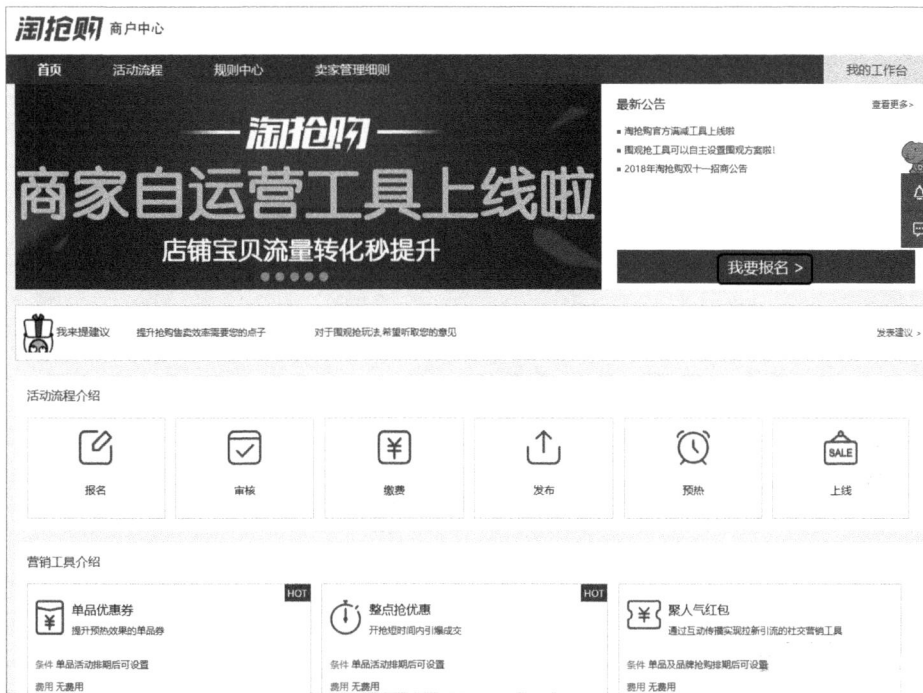

图 6-15　"商户中心"页面

（2）然后进入报名页面，单击"我要报名"按钮，如图 6-16 所示。

图 6-16　单击"我要报名"按钮

（3）进入"我要报名"页面后，卖家可以选择其中的活动并根据提示进行报名，如图 6-17 所示。

图 6-17　"我要报名"页面

6.2.3　行业营销活动

店铺经常会做一些营销活动，这样不仅能提升品牌的影响力，还能提升买家的忠诚度、吸引买家的关注。淘宝官方营销活动中心包括各个行业的营销活动，如图 6-18 所示。

卖家报名行业营销活动的具体操作步骤如下。

（1）卖家进入淘宝官方营销活动中心，选择其中一种活动，这里以珠宝配饰为例，单击后面的"立即报名"按钮，可进入活动详情页，如图 6-19 所示。

图 6-18　行业营销活动

图 6-19　活动详情页

（2）单击"立即报名"按钮弹出"活动报名类目限制"对话框，然后单击"确定，立即报名"按钮，如图 6-20 所示。

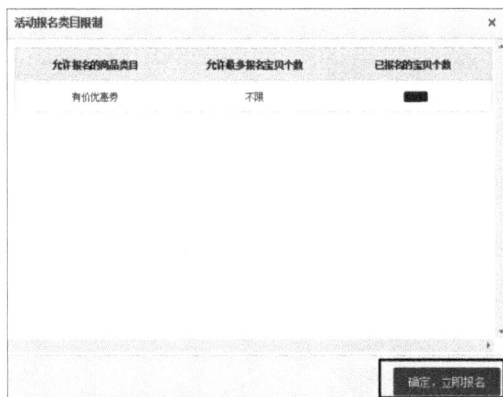

图 6-20　单击"确定，立即报名"按钮

（3）进入"签署协议"页面，卖家要认真阅读上面所列的条款，确认后再勾选"我同意并签署以上协议"选项，然后单击"下一步"按钮，如图 6-21 所示。

图 6-21　"签署协议"页面

（4）接着进入"填写店铺信息"页面，卖家按照要求填写店铺信息，然后单击"下一步"按钮，如图 6-22 所示。

图 6-22　"填写店铺信息"页面

（5）接着进入"填写商品信息"页面填写商品信息，最后选择"完成"选项即成功报名行业营销活动，如图 6-23 所示。

图 6-23　"填写商品信息"页面

6.2.4　淘宝群

淘宝群是淘宝网推出的面向卖家的会员和粉丝实时在线运营的"阵地"。卖家通过淘宝群内丰富的玩法和专享权益，形成与买家的高黏性互动和回访，从而促进店铺商品的销售。

卖家如何创建淘宝群并管理淘宝群呢？具体操作步骤如下。

（1）进入淘宝卖家中心，选择左侧"营销中心"下的"店铺营销工具"选项，然后在"互动营销"下选择"淘宝群"选项，如图 6-24 所示。

图 6-24　选择"淘宝群"选项

（2）进入"创建一个群"页面，设置好信息后，就可以创建淘宝群了，如图 6-25 所示。

（3）淘宝群的导航栏共有三个模块，分别为新品上架、买家秀、聊天宝贝，买家入群后即可查看，如图 6-26 所示。卖家可以通过这三个模块管理淘宝群。

图 6-25　"创建一个群"页面

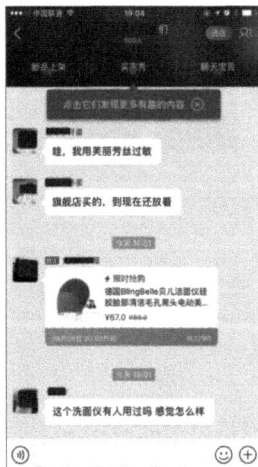

图 6-26　淘宝群的导航栏

6.3　淘宝活动策划

淘宝店铺每一次活动的开展，都离不开活动前期的精心准备和策划，活动的最终目的都是尽可能地扩大店铺知名度，引入更多流量。

6.3.1　淘宝活动策划要点

普通的淘宝活动策划其实非常简单，关键是要掌握好以下几个要点。

1．活动的门槛要低

活动的门槛不要太高，如果门槛过高，就会影响活动效果，因此活动面向的人群越多越好。活动规则应该尽可能简单，如果活动规则太复杂，买家的参与度就会降低。

2．活动的名字很重要

在策划淘宝活动的时候，给活动起一个合适的名字也非常重要。卖家应该尽量选择一些比较有悬念，能引起人们探索欲望的名字。

3．活动回报率要高

淘宝活动只有回报率高、优惠多，才能调动起买家的积极性。活动奖励可以是物质的，也可以是精神的，如荣誉称号等。另外，奖品除丰厚以外，还要有一定的特色和吸引力，不要总是千篇一律。图 6-27 所示为高回报率的淘宝活动示例。

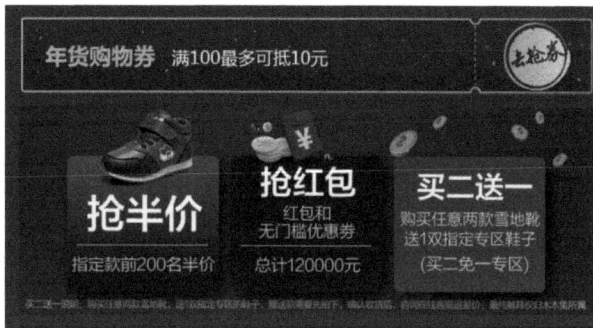

图 6-27　高回报率淘宝活动示例

4．活动频率最好固定

既然是做活动营销，卖家就要把它做成一个常态化的事情，如一月一次、一季度一次或者一年一次。卖家要知道，经过长时间的累积，活动本身也会成为品牌。

5．活动要有趣

只有活动策划得好玩有趣，参与的买家才会多，才能营造良好的活动氛围。如果活动策划得足够有趣，即使没有奖品也会吸引买家参与。

6.3.2　数据分析

经营店铺就一定要进行数据分析。卖家只有进行数据分析，才能充分了解市场。

数据分析包含三个方面：收集数据、竞争对手数据分析和活动平台数据分析。

1．收集数据

卖家可以利用工具来收集数据，如可以利用阿里指数来收集需要的数据。从阿里指数中，卖家可以知道在一些热门的商品类目中，哪些商品正在热卖、买家一般集中在哪里、哪些关键词是热搜的关键词等。图 6-28 所示为阿里指数中的搜索词排行。

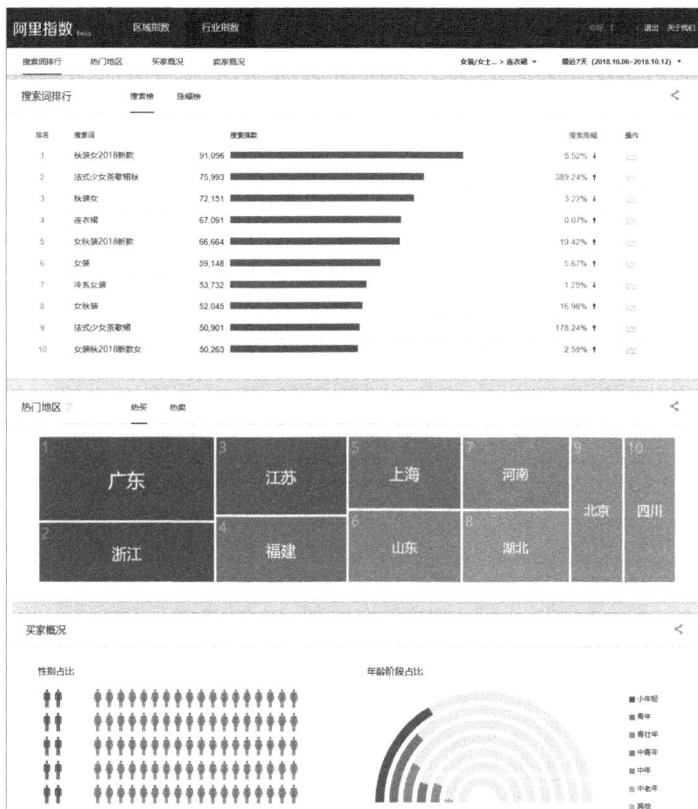

图 6-28　阿里指数中的搜索词排行

2. 竞争对手数据分析

卖家通过分析竞争对手的店铺和商品来了解对应的商品信息，不仅可以及时调整自己的店铺推广策略，还可以学习竞争对手的优点。

卖家先通过生意参谋市场行情专业版的"品牌排行"去寻找在一段时间内与自己品牌交易指数相近且排名更靠前的几个品牌，然后记录下来，如图 6-29 所示。卖家根据相关商品制作统计表，包括交易指数、支付商品数、支付转化率等。

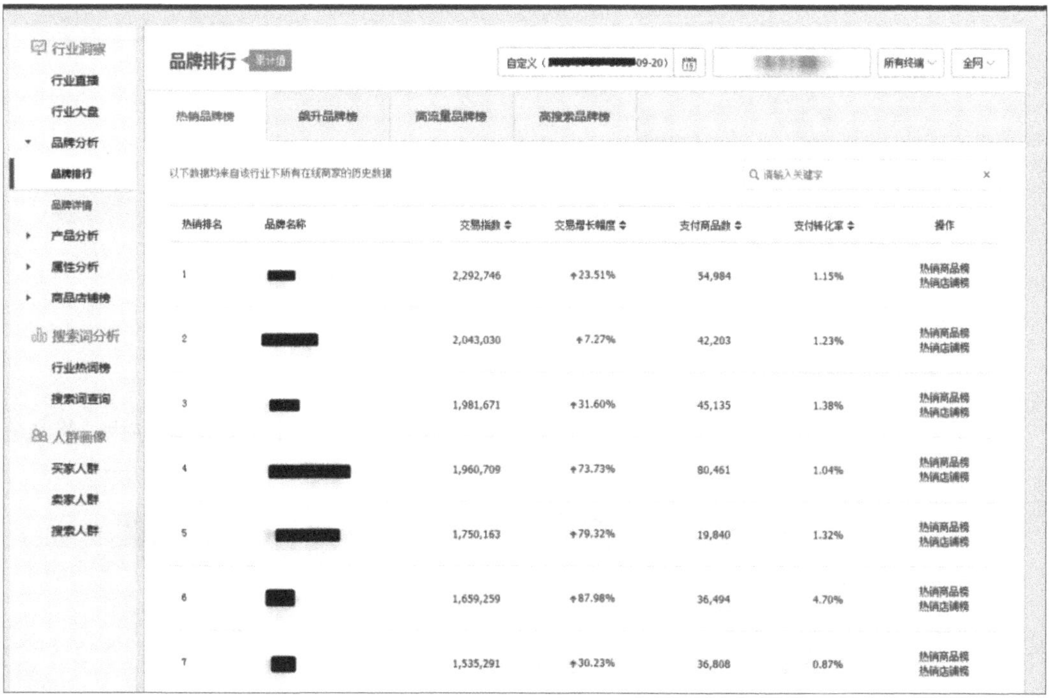

图 6-29 分析"品牌排行"数据

如图 6-30 所示，卖家可以看到"店铺趋势"，包括流量指数、搜索人气及交易指数，还可以看到这家店铺的"热销商品排行"。

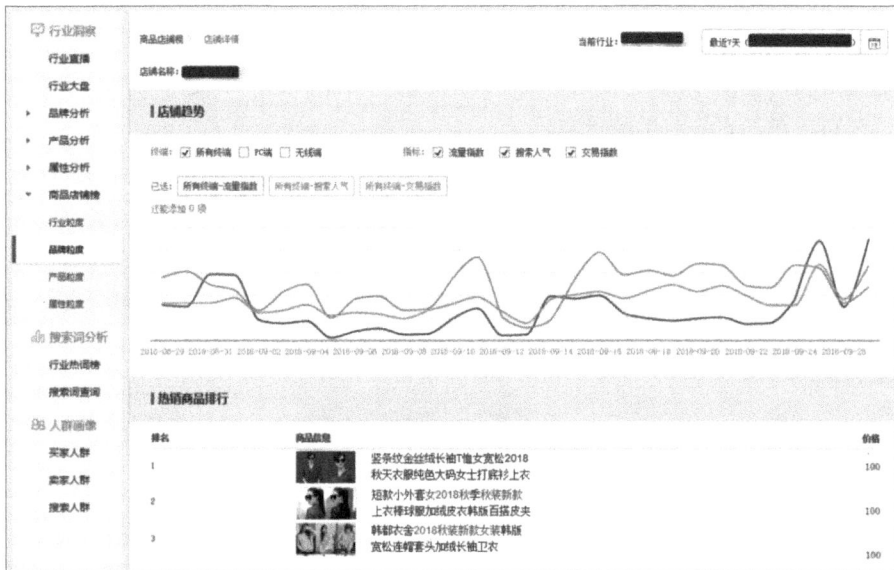

图 6-30　查看店铺指标

3．活动平台数据分析

卖家可以选择活动平台，如淘抢购。卖家进入如图 6-31 所示的淘抢购页面，寻找同行竞争商品，统计同行活动商品的销量、客单价、关联商品、原价、促销价、折扣，并制成表格。

图 6-31　淘抢购页面

6.3.3　明确活动目的

卖家策划活动之前要明确活动的目的，同时还要确定活动的商品和方案。

策划活动的目的一般包括以下几点。

1．不计成本提升流量

卖家参加聚划算、淘抢购等活动，还有日常进行低于成本价格的商品促销，都是为了获得流量。例如，卖家将原价为 50 元的耳机，以非常低廉的价格销售，从而实现月销售 17 万件的销售目标，就是为了提升流量，如图 6-32 所示。

图 6-32　不计成本提升流量

2．清理库存、回收资金

卖家基于某种原因（销售的服装过季或销售的食品快要到保质期），为了减少损失，使用阶段性打折的方式，实现清理库存、回收资金的目的。图 6-33 所示的"换季清仓"活动就是为了清理库存，回收资金。

图 6-33　"换季清仓"活动

3．关联销售

有些卖家会使用关联销售这种促销方式。例如，卖家店铺内主推商品的销售价格为99元，与其搭配或关联的商品价格为30元，二者关联后销售价格定为100元，这就形成了套餐促销，大大增加了买家购买的概率。

关联销售的实现方式还有很多种，如客服可以通过旺旺对买家进行推荐，店铺可以在详情页推荐关联销售商品。图6-34所示为关联销售商品的示例。

图6-34　关联销售示例

4．打造品牌

卖家通过让新品参加聚划算品牌团活动，再通过直通车或者智钻展位进行推广，引导买家到店购买，从而打造品牌。

5．提升销量、赚取利润

卖家为了提升销量，会在节假日举行促销活动。活动时，卖家会选择一些官方活动配合，如淘抢购、淘金币等。在官方活动的影响下，卖家可以快速提升销量，这时薄利多销是很好的赚取利润的方式。

6.3.4　选择活动商品

卖家确定活动目的后，就要确定活动商品，而且活动商品的选择是至关重要的。

选择活动商品的一些注意事项如下。

1．选择大众、优质、应季款

选择的商品必须优质而且要应季。如果现在是冬季，但是卖家卖的却都是夏季的商品，那这款商品是很难成为爆款商品的。因为促销活动面向的是寻求实惠的大众群体，而不是小众化的群体，所以卖家应该选择大众化的商品。

2．商品有独特卖点

商品都应该具有独特的属性，而这个独特的属性又要符合大众的审美，即商品拥有的属性既是独特的，也要是大多数买家都喜欢的。

3．转化率高

转化率越高的商品，说明越受大部分买家喜欢，热销的概率也就越大。

4．商品质量没问题

商品质量一定要好，不要拿残次品去蒙骗买家，否则即使临时产生了盈利，但后期失去了口碑就得不偿失了。

5．商品有销量

选择在不推广的情况下每月也能有不小的销量的商品，自然流量好，后期活动推广会起到锦上添花的作用。

6．商品回头客多

商品买家反馈好，回头客比较多，初期能有大部分买家认可，说明商品具有一定潜力。

7．符合热销属性

商品必须要符合一些热销属性，如现在热销的是一些高跟鞋，但是卖家偏要去卖平底鞋，这样肯定是不行的，参加活动的商品应该是当下的热销款式。

6.3.5　确定活动方案

卖家确定活动目的和活动商品后，需要确定活动方案，包括确定活动主题、活动时间、活动人群、活动内容和方法。

确定活动主题，如为提升销量，店铺可以采用"全店满 600 元减 100 元"的活动主题。

确定活动时间，根据官方活动要求确定活动的开始时间和结束时间。例如"双 12"活动，因为很多卖家将预热期定在 11 月下旬，因此建议活动预热期在 12 月 1 日—12 月 11 日，活动开始时间为 12 月 12 日，结束时间根据行业情况可延迟到 12 月 24 日。为了更好地实现活动效果，可以根据店铺情况确定预热和活动开始时的广告推广内容，图 6-35 所示为"双 12"活动方案。

图 6-35　"双 12"活动方案

确定活动人群，因为官方活动既面向老买家，也面向新买家。卖家要分析活动人群的特性、新买家和老买家的占比情况，以及他们想要的更多的优惠内容。关注聚划算、淘抢购、淘金币等活动的买家，大部分是新顾客，他们忠诚度不高，而且主要需要性价比高的商品。最终确定的商品主要方向为当季热卖商品、刚需商品、受众面广的商品、店铺生意参谋或者行业数据分析转化率高的商品，以及店铺老买家重复购买率高的商品。

最终确定活动内容和方法，卖家会根据营销计划做好主题活动、官方活动，确定自己店铺活动的内容，并及时制定活动推广方法，做好各岗位人员后续的工作安排。

6.4　淘宝活动实施

淘宝活动实施过程主要分为淘宝活动预热期及淘宝活动进行中。

6.4.1　淘宝活动预热期

淘宝活动预热一般都是卖家为打造爆款商品而做的准备，淘宝活动预热分为卖家与美工对接活动预热及卖家与推广对接活动预热。

卖家与美工对接活动预热包括设置店铺横幅、店铺导航栏、二级子页面、商品详情等。淘宝活动预热时对主图进行优化，可以增加买家收藏和加入购物车的次数，如图 6-36 所示。

图 6-36　优化主图

淘宝活动预热时，美工对活动入口图的优化可以使点击量增加，如图 6-37 所示。

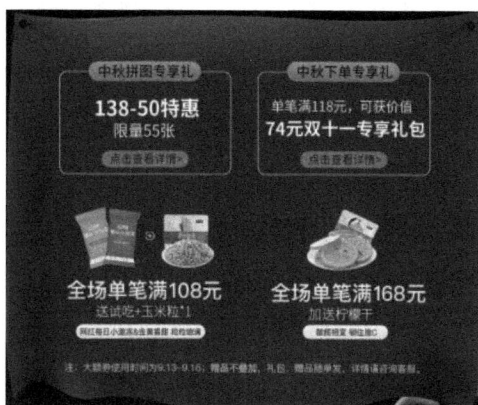

图 6-37　优化入口图

卖家在对接美工优化活动商品详情的整个活动预热期间，一定要分析买家浏览商品的心理，因为预热期间买家大多是选择商品而非直接购买，因此要充分满足买家的需求，挖掘他们最大的消费力，使后续活动产生的效果最大化。

卖家与推广对接活动预热，包括设置直通车预热、智钻展位预热、淘宝客预热、站外推广预热。

在推广直通车及智钻展位时可以使用聚划算的 Logo，如图 6-38 所示。在直通车推广的时候在聚划算也有活动，所以在广告图上加了聚划算的 Logo，以与其他广告进行区分。大部分买家认为聚划算的商品是便宜的，所以图片的点击率会提高。但是，在这里要提醒卖家，没有参加聚划算活动的商品不可使用聚划算 Logo，若使用属于违规，也会给买家带来不好的体验。若买家点击进去之后发现商品或店铺没有活动，也会大大降低转化率。

图 6-38　直通车预热图

6.4.2　淘宝活动进行中

淘宝活动进行中，卖家需要监控每小时的数据变化情况，如活动商品的销售量、活动关联商品的销售量、活动的销售额、活动商品的流量、活动商品的转化率及跳失率。卖家根据数据变化，可以做出相应的分析与应变处理。

卖家若想在活动中监控每小时的数据变化情况，可以执行"生意参谋—实时直播—实时榜单"命令进行实时榜单查询，如图 6-39 所示。

图 6-39　实时榜单查询

卖家执行"生意参谋—实时直播—实时来源"命令，可以监控活动商品的流量变化，如图 6-40 所示。

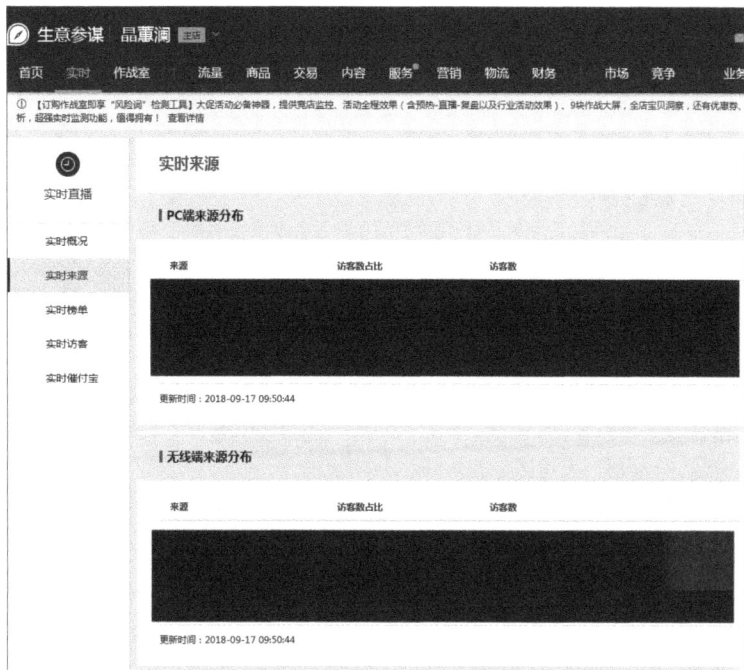

图 6-40　监控商品流量变化

活动当日呈现的数据是需要截图的，因为活动后是看不到实时数据的，一般建议每 2 小时截图一次。几大关键数据包括总流量、流量页数、停留时间、成交转化、推广费用占销售额的比例等。

6.5　习题

1．填空题

（1）淘宝活动有很多，参与要求也各不相同。卖家若想成功报名参加淘宝活动，先要透彻地了解淘宝活动的报名规则。淘宝活动的报名规则主要包括两部分，一是_____通过淘宝官方营销活动中心的考核，二是_____通过淘宝官方营销活动中心的考核。

（2）了解了淘宝活动的规则后，就可以开始报名了。淘宝平台的活动报名的入口主要包括卖家中心后台"营销中心"中的_____和_____，还包括淘宝论坛等入口。

（3）淘宝有很多种不同的活动，会针对不同的卖家群体。常见的淘宝活动有_____、_____、_____、_____及_____等。

（4）淘抢购是淘宝无线端重要的_____。淘抢购推出之后，一直都受到卖家的欢迎，不管是流量还是销量，都存在很大的优势。

2．简答题

（1）简述什么是淘宝活动。

（2）简述什么是聚划算。

（3）简述什么是淘抢购。

（4）卖家应该怎样进行淘宝活动策划？

第 7 章

做好手机端淘宝推广，引爆店铺销量

开店指导

随着移动互联网的发展，越来越多的人喜欢用手机进行网上购物，显然手机购物已成为主流趋势。手机端淘宝、天猫等应用软件也已经成为阿里巴巴在移动端发展的战略重心，其通过简化手机端的购物操作流程，开发新功能，如拍照购、语音搜索、摇一摇等，让买家逐步习惯用手机进行购物。同时很多淘宝、天猫卖家也已经把工作重心转向了手机端。那么卖家要想在手机端获取大量的精准流量，应该怎么做呢？

7.1 提升手机端店铺的流量和转化率

随着手机端流量的不断攀升，手机端店铺的运营也越来越受到卖家的重视，那么卖家该如何提升手机端店铺的流量和转化率呢？笔者建议应主要从以下几点着手。

1．设置关键词

卖家可以在手机端添加关于商品品牌和属性的关键词，也可以添加关于商品特点的关键词。为了提高转化率，卖家需要在手机端商品详情页添加更多的卖点，图 7-1 所示为依据关键词搜索后的商品界面。

图 7-1　依据关键词搜索后的商品界面

2．商品优化

商品优化是指优化商品的重要参数，如商品搜索点击率、手机淘宝成交量及商品价格的定位。卖家要根据商品的特点、优势进行优化。

3．淘金币

在手机端店铺设置淘金币玩法也能吸引流量。一般来说，淘金币折扣越多，流量就越多，店铺在搜索中的排名也就越靠前。因为很多买家的账户里都有淘金币，所以他们喜欢购买能够使用淘金币的商品，特别是女性买家。为了使用淘金币，而重复拍下同款商品的买家也不在少数。

4．手机端专享促销活动

手机端店铺可以设置一些手机端专享价格、手机端专享优惠等促销活动来增加流量、提高转化率，如图 7-2 所示。

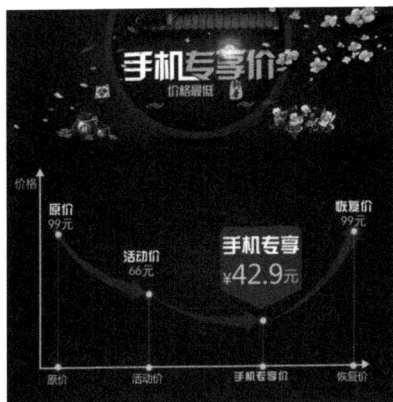

图 7-2　手机端专享价格

5．专门设计手机端商品详情页

做好手机端商品详情页能增加商品的权重。很多店铺直接把 PC 端的商品详情页缩小作为手机端的商品详情页，这样就会导致整个描述页面与手机的屏幕不匹配，使买家的阅读体验变差，因此卖家一定要专门设计手机端商品详情页。

6．做好手机端商品主图

手机端的商品主图应该做得更加细致，充分体现商品的特点。卖家可以在商品主图上适当地添加一些促销信息，因为手机端展示空间有限，商品主图上的信息也会成为买家是否购买的一个重要因素，如图 7-3 所示。

图 7-3　商品主图示例

7. 选好商品评价

手机端在商品详情页的第一页通常只展示一个评价。这个评价很重要，因为很多买家为了节省手机流量，就看这一个评价。所以，卖家一定要选择商品详情页中排名第一的评价，如图 7-4 所示。

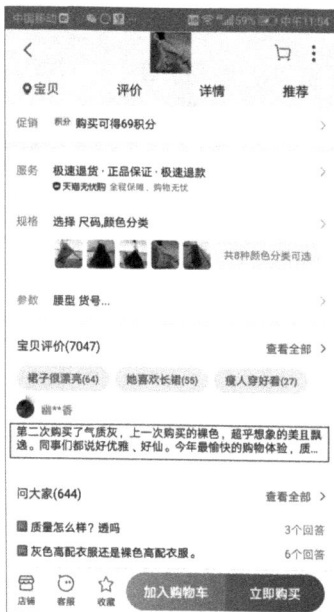

图 7-4　商品详情页中排名第一的评价示例

7.2　商品出现在手机端淘宝首页的要求

如果商品出现在手机端淘宝首页上，那么必然能带来巨大的流量。手机端和 PC 端的消费群体不一样，所以两者主推的商品也是不一样的，卖家应针对不同的买家来选择主推的商品。

一般来说，手机端淘宝首页会针对不同的买家需求，设置不同的商品入口图。例如，某个买家对女装和箱包比较感兴趣，那么其手机端淘宝首页上的商品入口图就会尽量展现相关的品类。同时，为了保证"所见即所得"，当单击商品进入详情页后，入口图对应的商品在首屏都会有对应的推荐位。图 7-5 所示为手机端淘宝首页的商品图片。

图 7-5　手机端淘宝首页的商品图片

另外，卖家需要为商品设置白底图，以符合手机端淘宝入口图的规范，这样商品才有机会出现在手机端淘宝首页上。图 7-6 所示为符合手机端淘宝入口图规范的白底图片。

图 7-6　符合手机端淘宝入口图规范的白底图片

白底图片的具体规范如下。

（1）图片为正方形，尺寸应大于 500px×500px。

（2）使用白底的商品正面图，勿使用人物头像或其他非商品图片。

（3）图片要干净，在商品图上不可出现商品 Logo 及其他利益点。

（4）商品颜色尽量饱满，避免出现白色或者灰色等其他浅色。

（5）在一张图内最多不超过两件商品。

7.3   手机端标题诊断优化

商品标题的诊断优化对于很多中小卖家来说是一件令人头疼的事。很多卖家经常到处复制别人的标题，或者自己把没有热度的关键词堆砌起来，这样不仅浪费了时间，还有可能导致商品降权。

卖家可以使用"宝贝团"标题优化工具来对标题进行诊断，具体操作步骤如下。

（1）进入阿里巴巴旗下的商家服务市场，在搜索框中输入"宝贝团"，找到"流量宝贝团"工具并选择它，如图 7-7 所示。

图 7-7   选择"流量宝贝团"工具

（2）进入"流量宝贝团"订购页面，在"服务版本"选项中选择"试用"选项，然后单击"立即购买"按钮，如图 7-8 所示。

图 7-8   "流量宝贝团"订购页面

（3）然后进入"确认订单"页面，确认无误后单击"同意并付款"按钮，如图 7-9 所示。付款成功后即为购买成功。

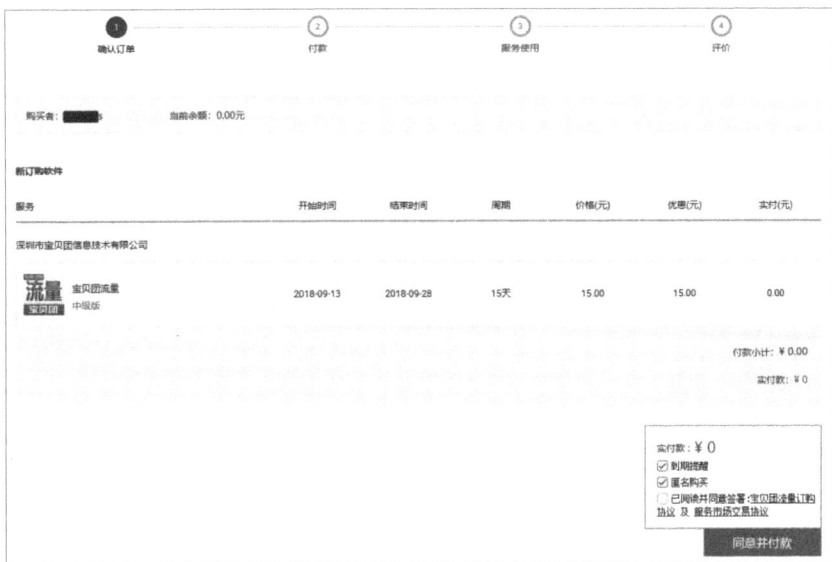

图 7-9　"确认订单"页面

（4）完成购买后，卖家可打开工具软件，选择左侧"标题优化"下的"标题诊断"选项，选择需要优化标题的宝贝，然后单击"立即优化"按钮，如图 7-10 所示。

图 7-10　单击"立即优化"按钮

（5）进入"标题优化"页面，卖家可以根据标题优化标准的提示，对宝贝标题进行修改，下面还会有热门促销词等供卖家勾选，如图 7-11 所示。

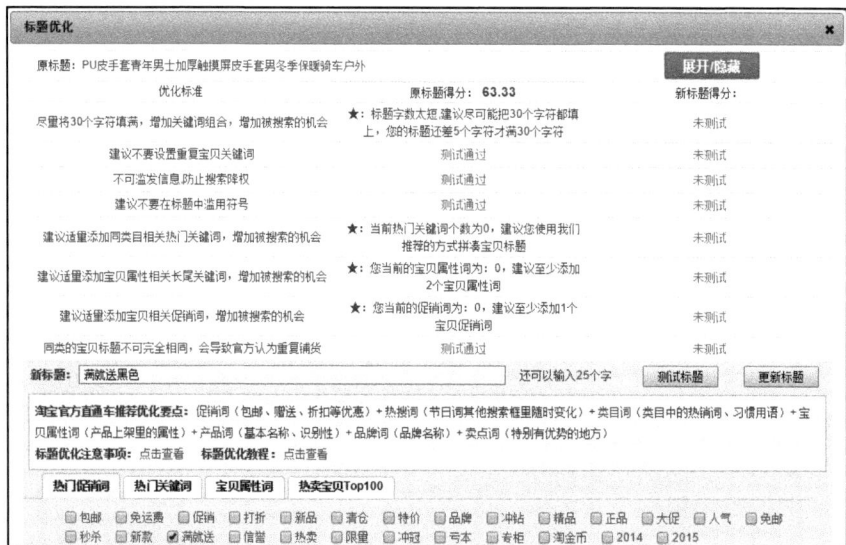

图 7-11 "标题优化"页面

（6）最后单击"测试标题"按钮，系统会对新标题进行测试。如果依然存在问题，系统则会给出提示，如图 7-12 所示。

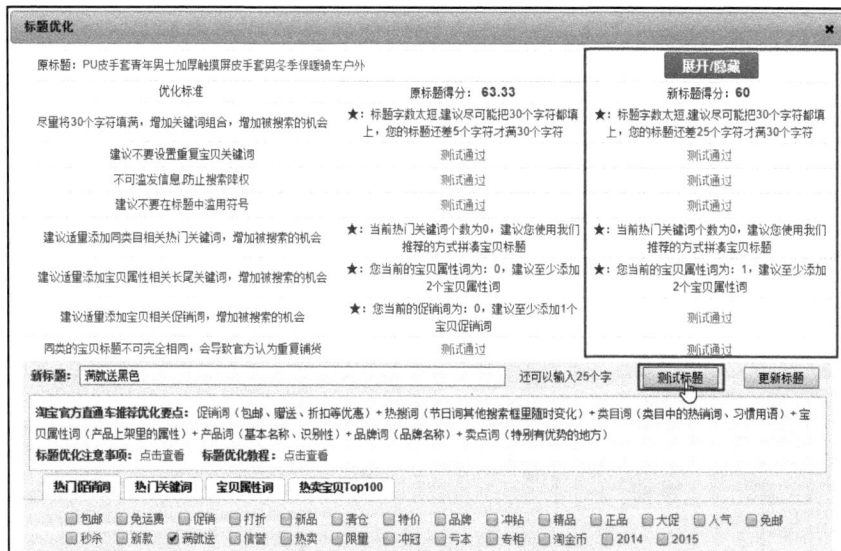

图 7-12 测试标题后系统给出提示

（7）评分达到 95～100 分的标题就可以进行标题更新了。如果没有达到这个分数，则需要卖家继续修改标题。

当采集完这些关键词数据后，卖家就能清晰地知道哪些是优秀的关键词，哪些关键词可加以利用。

7.4　"有好货"提供精准化的个性推荐

"有好货"促销可以吸引很多流量，但什么是"有好货"？卖家如何报名参加"有好货"活动呢？

7.4.1　什么是"有好货"

"有好货"位于手机端淘宝首页，主要为买家提供精准化的个性推荐。"有好货"的内容主要由两部分构成：一是由专业领域人士提供的优质内容；二是由行业提供的优质内容。

开通了"有好货"手机端淘宝首页入口图资源的卖家，其符合规范的商品将有机会出现在"有好货"的入口图上，买家点击进去即可看到精选的商品。图 7-13 所示为"有好货"页面。

图 7-13　"有好货"页面

卖家要想使商品出现在"有好货"推荐中，首先应知道"有好货"的规则。

（1）"有好货"中的商品大多数偏向中等价位。

（2）"有好货"中的商品的动态评分一定要很高。只要动态评分中有一项不合格，商品就很难进入"有好货"。

（3）"有好货"中的商品最好是新品，且没有参加过淘抢购、聚划算等其他活动。

（4）"有好货"中的商品在外观和功能上要有一定的创意且款式独特，如具备稀缺性和收藏价值，甚至还可以是限量款、明星款。

当卖家掌握了这些规则后，只要主题明确，再用淘宝达人推送，商品就很容易出现在"有好货"推荐中了。

7.4.2　如何报名参加"有好货"活动

"有好货"提供了众多优质且低价的商品给买家，同时也是卖家提高店铺流量的一条途径。下面笔者就来介绍报名参加"有好货"活动的具体步骤。

（1）卖家进入"淘营销"首页，选择导航栏中的"无线手淘活动"选项，如图7-14所示。

图7-14　选择"无线手淘活动"选项

（2）然后进入淘宝网的"卖家中心"页面，选择左侧"营销中心"下的"活动报名"选项，如图7-15所示。

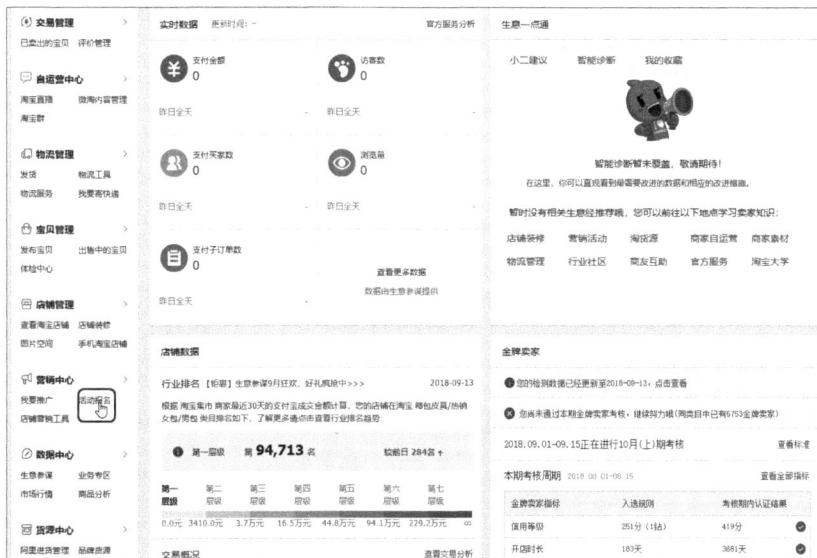

图 7-15　选择"活动报名"选项

（3）卖家可查看类目类型，或者查看淘宝小二发布的帖子，看是否有"有好货"的活动时间。

为了不错过"有好货"活动，卖家可以在"淘营销"首页通过活动介绍查看活动的相关信息，如图 7-16 所示。

图 7-16　查看活动的相关信息

卖家选择"规则&资质"选项，便可以查看自己的店铺能否参加营销活动，资质是否符合活动要求，如图 7-17 所示。

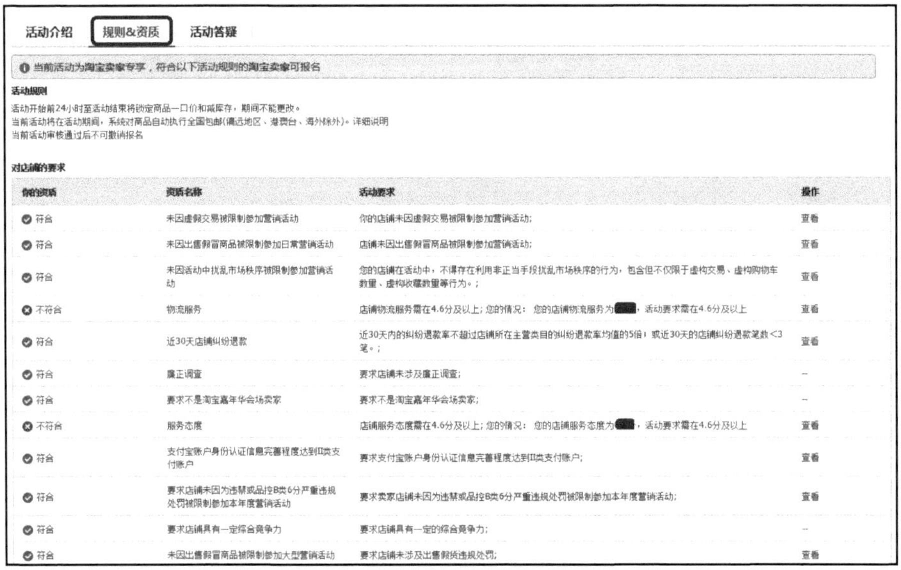

图 7-17　查看规则和资质

7.5　做好手机端营销

手机端淘宝市场可谓越来越大，卖家要想抓住手机端淘宝的广阔市场，就要做好推广和营销。

7.5.1　手机端搭配套餐

搭配套餐就是卖家将几种商品组合成套餐进行销售，通过搭配套餐可以让买家一次性购买更多的商品。这种营销手段在很大程度上提高了卖家促销的自主性，同时也为买家提供了更多的便利和选择。

商品的搭配套餐设置完成后，在该商品的手机端详情页就会自动展示该商品的搭配套餐，如图 7-18 所示。

图 7-18　商品的搭配套餐

那么，搭配套餐销售能给卖家带来什么好处呢？

（1）增加好评。一位买家买一件满意的商品，卖家只能收到一个好评，但如果是以搭配套餐形式出售，买家能够获得更多优惠，卖家则能获得更多好评。

（2）节省邮费。快递公司通常是以"1kg"为起步价来算运费的。卖小件商品的卖家如果每件商品单独发货，会产生很多运费，因为每件商品都要按照起步价来付费，但是如果按照搭配套餐出售商品，一次发货只要不超过 1kg，就会按照起步价来付费，这样可以节省运费。

（3）增加商品的曝光度。这一点非常重要，卖家可以将搭配套餐的模板代码复制到店铺的任意位置，以提高商品的曝光度，在无形中可以加深买家对该套餐的印象。

（4）提高客单价。搭配套餐可以在一定程度上提高客单价。

（5）搭配套餐更具有真实性。使用搭配套餐，买家会认为卖家在进行薄利多销，更容易相信和接受这样的促销手段。

7.5.2　淘宝卖家玩转"码上淘"

扫描二维码已经成为线上与线下连通的新流量渠道，以及买家获取商品信息、享受优惠的便捷途径。"码上淘"是一款手机端的卖家运营工具，旨在帮助卖家释放手机端的"生产力"，提高服务买家的能力，使其同买家的连接度更高、互动性更强，从而提高整个交易的效率。

作为卖家，该如何设置"码上淘"活动，让买家扫描二维码就能购买其商品呢？设置"码上淘"活动的具体操作步骤如下。

（1）卖家进入淘宝网的"卖家中心"页面，选择"店铺管理"下的"手机淘宝店铺"选项，如图 7-19 所示。

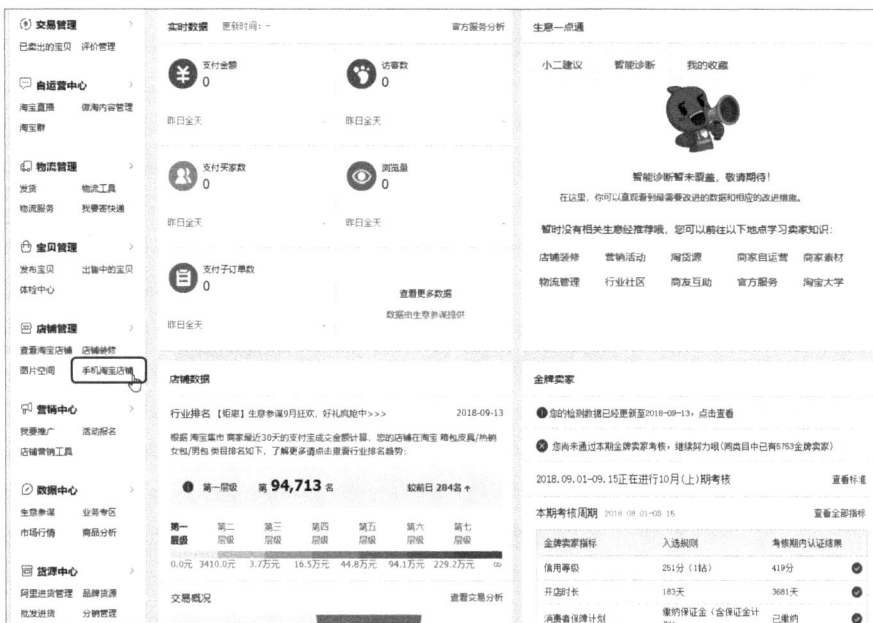

图 7-19　选择"手机淘宝店铺"选项

（2）进入"无线店铺"页面，然后选择"码上淘"下面的"进入后台"选项，如图 7-20 所示。

图 7-20　选择"进入后台"选项

（3）打开"欢迎使用码上淘！"页面，单击右下角的"进入码上淘"按钮，如图 7-21 所示。

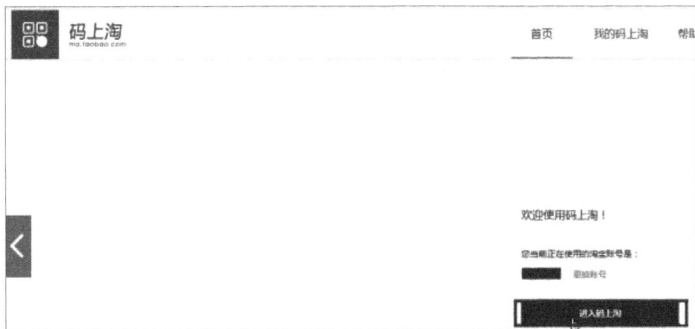

图 7-21　单击"进入码上淘"按钮

（4）打开"码上淘"页面，选择左侧的"通过宝贝创建"选项，如图 7-22 所示。

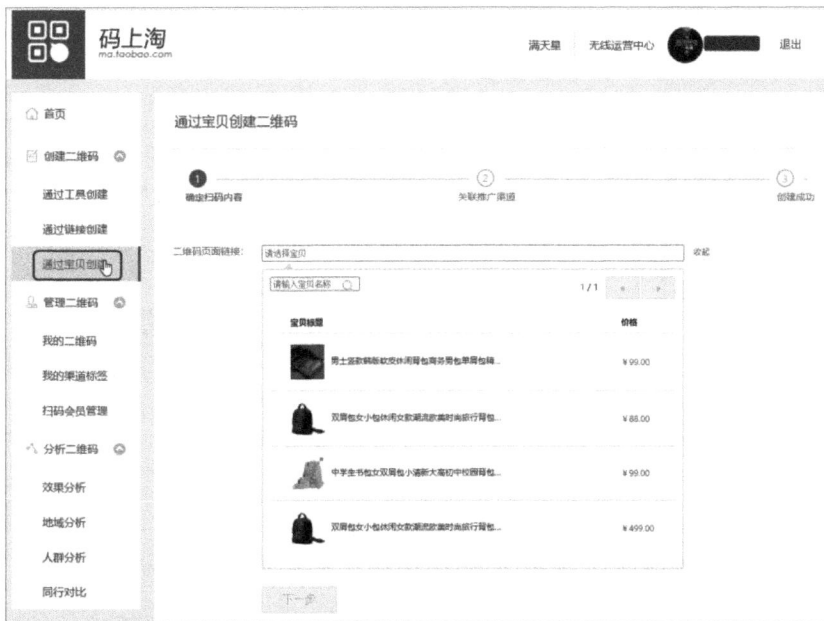

图 7-22　选择"通过宝贝创建"选项

（5）进入"确定扫码内容"页面选中商品，单击"下一步"按钮，如图 7-23 所示。

图 7-23   选中商品

（6）进入"关联推广渠道"页面，设置"二维码名称"和"渠道标签"，单击"下一步"按钮，如图 7-24 所示。

图 7-24   设置"二维码名称"和"渠道标签"

（7）二维码创建成功后，卖家可以根据品牌属性自主编辑二维码，如图 7-25 所示。

图 7-25　根据品牌属性自主编辑二维码

（8）卖家可通过选择"我的二维码"选项，进入"美化二维码"页面，如图 7-26 所示。卖家可以根据品牌属性美化二维码。二维码创建、美化之后，卖家便可以进行线下布码了。

图 7-26　"美化二维码"页面

7.5.3　"无线惊喜"自定义抽奖

"无线惊喜"是一款基于完成店铺任务的抽奖、兑换活动的应用。买家通过完成签到、收藏、商品浏览等任务获得金币，然后用金币进行抽奖及兑换活动。同时，"无线惊喜"还提供了隔日送奖活动，天天都有惊喜，是卖家展开手机端营销、增强用户黏性的必备工具。卖家设置"无线惊喜"的具体操作步骤如下。

（1）卖家登录"我的淘宝"，进入"卖家中心"页面，选择"店铺管理"下的"手机淘宝店铺"选项，如图 7-27 所示。

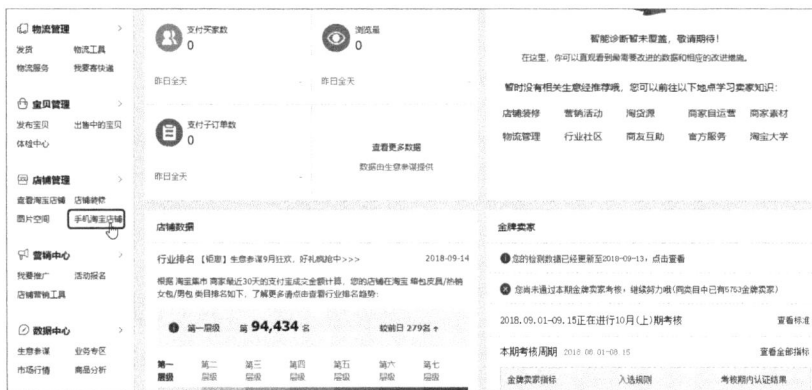

图 7-27   选择"手机淘宝店铺"选项

（2）选择"无线开放平台"下的"无线应用区"选项，如图 7-28 所示。

图 7-28   选择"无线应用区"选项

（3）进入"服务市场"页面，卖家可输入"无线惊喜"进行搜索。然后在搜索结果中选择"无线惊喜"服务，如图 7-29 所示。

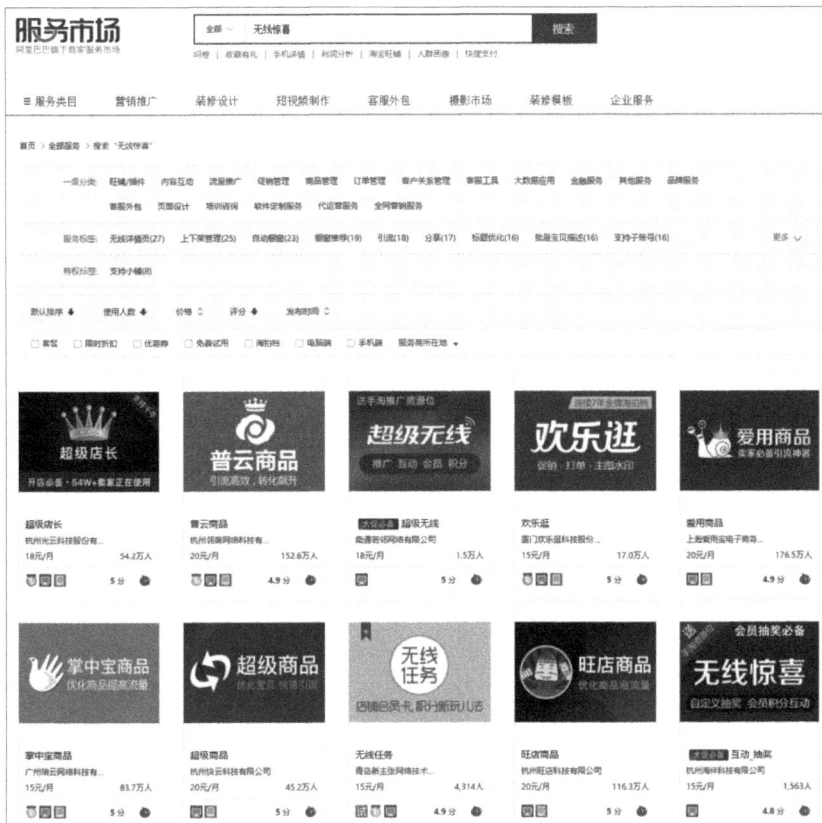

图 7-29　选择"无线惊喜"服务

（4）打开订购软件的页面后，卖家可选择相应的"服务版本"和"周期"，单击"立即购买"按钮，如图 7-30 所示。

图 7-30　订购软件页面

（5）进入"确认订单"页面，然后单击"同意并付款"按钮，如图 7-31 所示。订购成功后卖家即可使用。

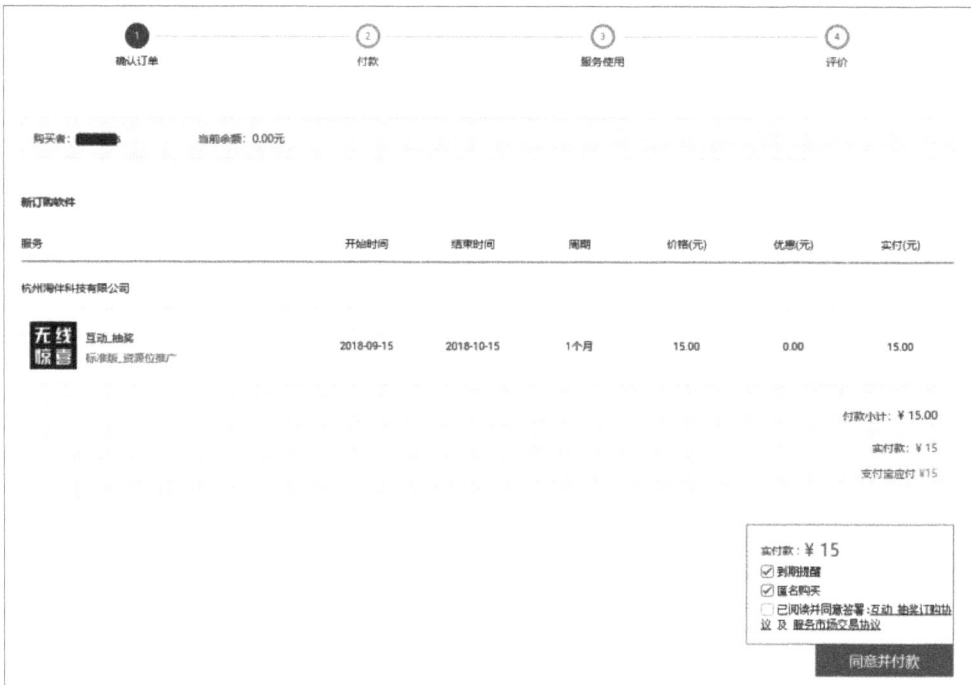

图 7-31 付款页面

7.5.4 "流量钱包"赚话费

"流量钱包"是淘宝、天猫卖家的一种新的营销推广工具。使用"流量钱包"可以有效地提升淘宝卖家与买家之间的互动性。卖家可以用手机流量包作为促销品赠送给买家，最终达到提高店铺曝光率和转化率的目的，同时也维护了与买家的关系。

手机端淘宝"流量钱包"是可以提取流量到买家的手机的。买家通过参加"购物送流量"活动和"宝箱获取流量"活动得到的流量是可以提取到自己的手机中进行使用的。买家使用手机端淘宝"流量钱包"赚取话费的具体操作步骤如下。

（1）在"我的淘宝"中选择"必备工具"下的"更多"选项，如图 7-32 所示。

（2）在"更多"页面中选择"红包卡券"选项，如图 7-33 所示。

图 7-32　选择"更多"选项

图 7-33　选择"红包卡券"选项

（3）在"红包卡券"页面中选择"流量钱包"选项，如图 7-34 所示。

（4）在"流量钱包"页面中，在"免费赚流量"下选择"流量白领"选项，如图 7-35 所示。

图 7-34　选择"流量钱包"选项

图 7-35　选择"流量白领"选项

（5）打开"流量白领"页面，买家在这里可以领取店铺的流量，也可累积流量兑换话费，如图 7-36 所示。

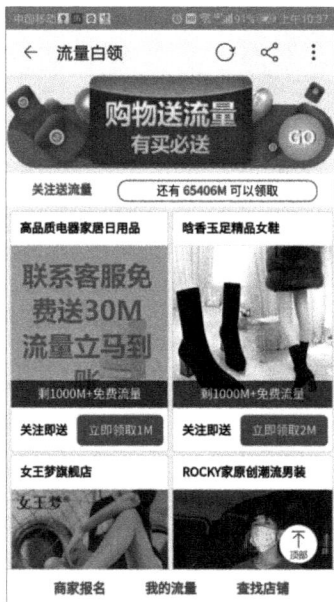

图 7-36 "流量白领"页面

7.5.5 手机端淘宝关键词选择技巧

下面和大家分享一些手机端淘宝关键词的选择技巧。

1. 选择手机端淘宝热搜词及类目属性词

如图 7-37 所示，在手机端淘宝搜索"羽绒服"关键词时，在弹出的下拉列表中显示的是热搜词及对应的类目属性词，卖家可以把这些词组合起来。

2. 提示关键词组合

当搜索一个关键词时，会出现一些和关键词有关的商品列表，卖家将这些词和搜索的关键词进行组合便可以组成新的搜索关键词，如图 7-38 所示。

图 7-37　手机端淘宝热搜词及类目属性词

图 7-38　相关关键词商品列表

3．"生意参谋"后台关键词

"生意参谋"的"行业排行"统计出来的关键词，也可以作为卖家选择关键词的参考，如图 7-39 所示。

热门排名	搜索词	搜索人气	商城点击占比	点击率	点击人气	支付转化率	直通车参考价	操作
1	保暖内衣	26,576	85.11%	95.62%	15,401	9.55%	1.72	相关词分析
2	保暖内衣男	20,729	76.90%	133.54%	14,266	14.47%	2.53	相关词分析
3	袜子	18,347	54.44%	173.64%	11,535	19.17%	0.81	相关词分析
4	内裤女	16,580	29.32%	249.31%	11,898	11.90%	0.86	相关词分析
5	男士内裤	15,925	72.25%	140.07%	11,421	17.10%	1.54	相关词分析
6	睡衣女冬	15,100	48.56%	184.54%	10,624	7.39%	0.80	相关词分析

图 7-39　"生意参谋"后台的关键词

7.6 无线视频推广

视频比图片更加直观，更容易突出商品的特点，因此淘宝店铺提供了无线视频功能以进行商品推广。

7.6.1 在淘宝无线端详情页添加视频

无线端详情页视频作为无线化发展趋势中重要的组成部分，对于提升商品转化率和延长用户访问时间都至关重要。下面笔者将会介绍卖家应如何添加无线端详情页视频，具体操作步骤如下。

（1）卖家进入"卖家中心"页面，选择"店铺装修"选项，进入"店铺装修"页面，然后单击"素材中心"按钮，如图 7-40 所示。

图 7-40 单击"素材中心"按钮

（2）进入"素材中心"页面，单击"视频"按钮。如果未开通该功能，则会出现提示，卖家单击下方的"免费开启"按钮即可，如图 7-41 所示。

图 7-41　单击"免费开启"按钮

（3）视频功能开启成功后，淘宝旺铺后台会显示无线视频的总容量和使用情况。如果卖家感觉 500MB 的容量不够用，可以单击"升级空间"按钮进行升级，如图 7-42 所示。

图 7-42　单击"升级空间"按钮

（4）进入"无线视频存储包"购买页面，卖家选择好容量后，单击"立即购买"按钮，如图 7-43 所示。

图 7-43 单击"立即购买"按钮

（5）进入无线视频上传页面，单击右上角的"上传"按钮，如图 7-44 所示。

图 7-44 单击"上传"按钮

（6）在弹出"上传视频"对话框中，单击"上传"按钮，如图 7-45 所示。

图 7-45　"上传视频"对话框

（7）选择视频，设置视频标题，勾选"同意《上传服务协议》"复选框，单击右下方的"确认"按钮，如图 7-46 所示。

图 7-46　选择视频并设置视频标题

（8）待视频审核成功后，选择"店铺管理"中的"手机淘宝店铺"选项，单击"立即装修"按钮，如图 7-47 所示。

图 7-47   单击"立即装修"按钮

（9）进入"装修手机淘宝店铺"页面，选择"详情装修"选项，如图 7-48 所示。

图 7-48   选择"详情装修"选项

（10）进入"无线详情装修"页面，选择右上角的"宝贝详情管理"选项，如图 7-49 所示。

图 7-49　选择"宝贝详情管理"选项

（11）进入"宝贝详情管理"页面，卖家可单击需要添加无线视频的商品，然后单击"主图视频"按钮，弹出"视频中心"对话框，选择要添加的视频，单击"确认"按钮即可，如图 7-50 所示。

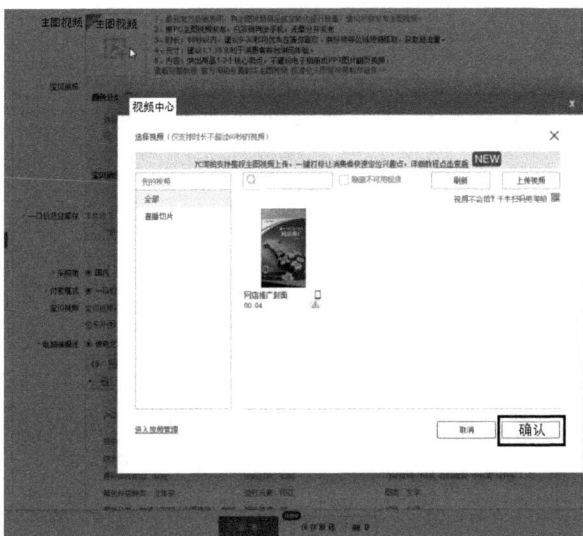

图 7-50　单击"确认"按钮

7.6.2 使用"淘拍"制作、发布视频

截至 2019 年 1 月，淘宝、天猫平台已有几十万个卖家的几百万件商品配备了短视频。这种短视频主要以展示商品的特点和功能为主，简洁明了，可以在短时间内将商品的核心卖点信息高效地传达给买家。

卖家可以使用"淘拍"电脑端视频工具来制作短视频。相对于其他的视频制作工具来说，"淘拍"更加简单易学。下面笔者将具体介绍这个工具的使用方法。

（1）卖家在浏览器输入"taopai.taobao.com"，进入"短视频编辑器"页面，单击"创建视频"按钮，如图 7-51 所示。

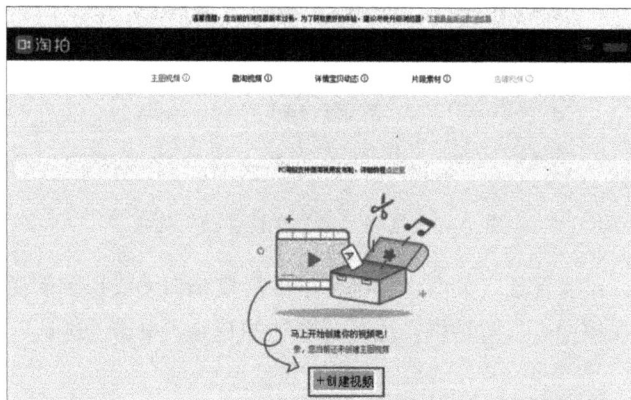

图 7-51　单击"创建视频"按钮

（2）进入"新建视频"页面，填写视频名称，确认视频类型、类目和比例等内容，如图 7-52 所示。

图 7-52　"新建视频"页面

（3）填写完信息后，进入添加视频的页面。选择"新增片段"选项，如图 7-53 所示。

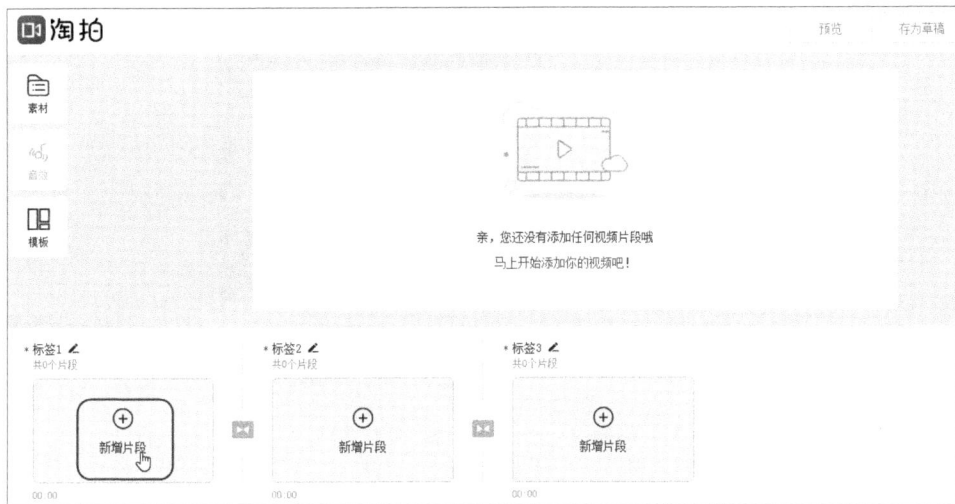

图 7-53　选择"新增片段"选项

（4）在"新增片段"页面中，单击"上传"按钮，如图 7-54 所示。

图 7-54　上传视频

（5）上传完成后，添加标签，如图 7-55 所示。

图 7-55　添加标签

（6）另外，还可以编辑视频信息，如图 7-56 所示。

图 7-56　编辑视频信息

（7）在"编辑视频信息"页面中，单击"剪辑"按钮，进入"编辑视频"页面，编辑视频的倍速、音量等，还可以对视频进行裁剪，如图 7-57 所示。

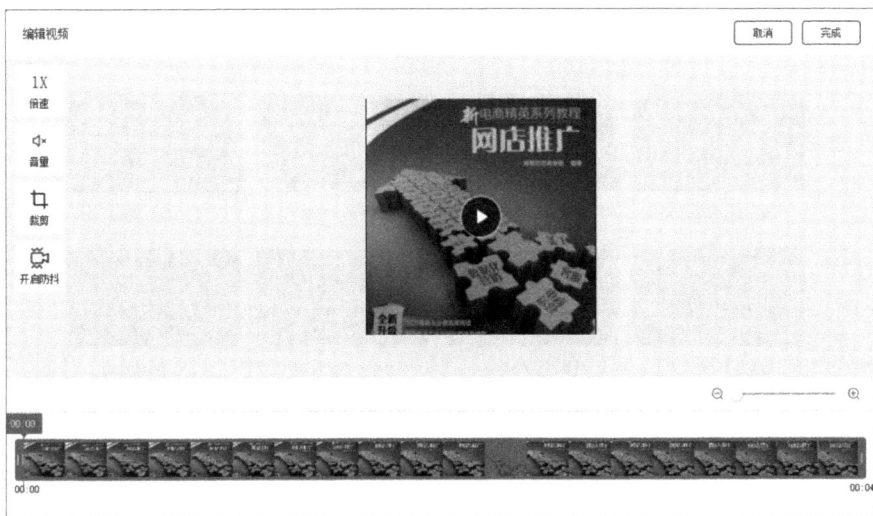

图 7-57　"编辑视频"页面

（8）在"编辑视频信息"页面中，单击"字幕"按钮，进入"编辑字幕"页面，单击"添加字幕"按钮可以为视频添加字幕，如图 7-58 所示。

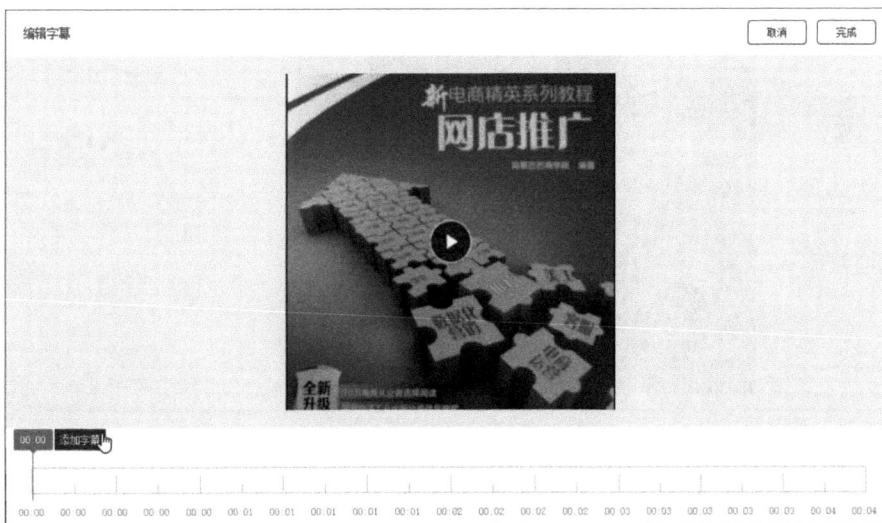

图 7-58　添加字幕

接着，进入"选择字幕效果"页面，卖家可选择其中一种字幕效果，如图 7-59 所示。

图 7-59 "选择字幕效果"页面

进入"解说字幕"页面，设置解说字幕，如图 7-60 所示。

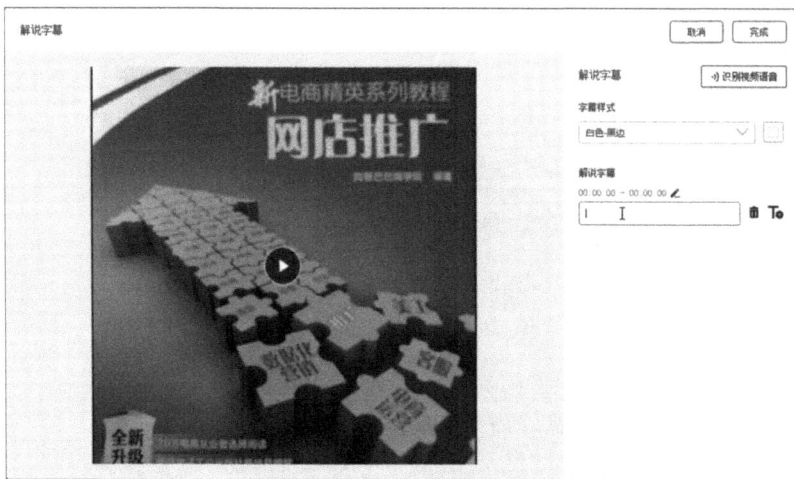

图 7-60 设置解说字幕

（9）所有内容设置完成后，在"编辑视频信息"页面中，单击页面右上角的"发布"按钮即可，如图 7-61 所示。

图 7-61 发布视频

7.7 习题

1．填空题

（1）在手机端店铺设置淘金币玩法也能吸引流量。一般来说，_____折扣越多，流量就越多，店铺在搜索中的排名也就越靠前。

（2）如果商品出现在手机端淘宝首页上，那么不但可以获取大量的_____，而且还会获得商品置顶的额外流量。买家是被入口图吸引进来浏览的，那么对应宝贝的购买转化率肯定也会很高。

（3）搭配套餐就是卖家将_____，通过搭配套餐可以让买家_____。这种营销手段在很大程度上提高了卖家促销的自主性，同时也为买家提供了更多的便利和选择。

（4）扫描二维码已经成为_____连通的新流量渠道，以及买家获取商品信息、享受优惠的便捷途径。"码上淘"是一款_____的卖家运营工具，旨在帮助卖家释放手机端的"生产力"，提高服务买家的能力，使其同买家的连接度更高、互动性更强，从而提高整个交易的效率。

2．简答题

（1）怎样提升手机端店铺的流量和转化率？

（2）商品出现在手机端淘宝首页的要求有哪些？

（3）怎样进行手机端淘宝标题诊断优化？

（4）简述什么是"有好货"。

（5）怎样做好手机端营销？

（6）怎样进行无线视频推广？

第 8 章

打造网店
爆款商品

开店指导

　　爆款商品是指店铺里供不应求、销售量巨大的商品。如果店铺内有几款爆款商品，就可以带动整个店铺的销量，所以在经营淘宝店铺的过程中，卖家首先要做的就是在店铺中打造一些爆款商品，然后再利用爆款商品来带动整个店铺的流量和销量的提升，等整个店铺健康运营时再考虑如何把店铺做大、做强，向品牌化发展。

8.1　前期准备

淘宝、天猫平台卖家通过打造店铺爆款商品，可以吸引流量和提高转化率。打造爆款商品是一个系统性的工作，需要考虑的环节有很多，而成功完成这项工作需要建立在卖家做好充分准备的基础之上。下面笔者将详细介绍卖家打造爆款商品必须做的准备工作。

8.1.1　明确打造爆款商品的目的

在不同的阶段，不同的卖家打造爆款商品的目的不同。在打造爆款商品之前，卖家先要明确打造爆款商品的目的。一般来说，相对成熟的店铺打造爆款商品都是以提升销量为目的的，而处于成长期的店铺打造爆款商品都是以提升人气为目的的。此外，卖家也可以把打造爆款商品作为营销手段，从而带动整个店铺销量的提升。

一些大卖家的店铺销量往往取决于几件爆款商品，这些爆款商品的月销量可能达几万件，而其他大部分商品的销量则很一般，其实这就是打造爆款商品的效果。在这种情况下，只要好好地维护这些爆款商品，就能给店铺带来可观的流量。如图 8-1 所示，该店铺打造的爆款商品的销量达到了153 041 件，远远超过了店铺其他商品的销量。

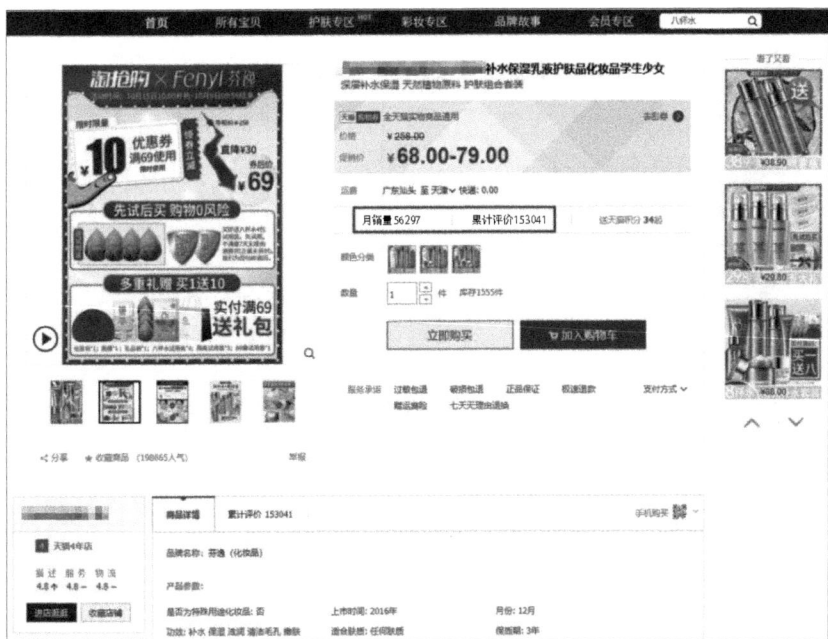

图 8-1　爆款商品的销售量巨大

8.1.2　分析行业爆款商品的特征

卖家打造爆款商品之前应先分析行业环境，做好前期准备，此外也要分析竞争对手，做到"知己知彼，百战不殆"，最后还要对买家进行分析，这样可以更好地满足买家的需求。

了解行业爆款商品具备什么特征，可以方便卖家确立哪一件商品适合打造成爆款商品。商品定位是否准确直接关系着爆款商品的打造能否成功。行业爆款商品的特征直接体现了买家的需要，只要了解了这个规律，卖家打造的爆款商品就更容易被买家接受。

如图 8-2 所示，在淘宝中搜索"护肤"一词，可以查询到许多护肤类商品。按照销量从高到低排序，买家可以看到第一页的很多商品都是爆款商品。买家单击其中一件爆款商品，进入商品详细介绍页面，如图 8-3 所示，便可以看到该商品的款式、价格和销售数量等方面的内容。

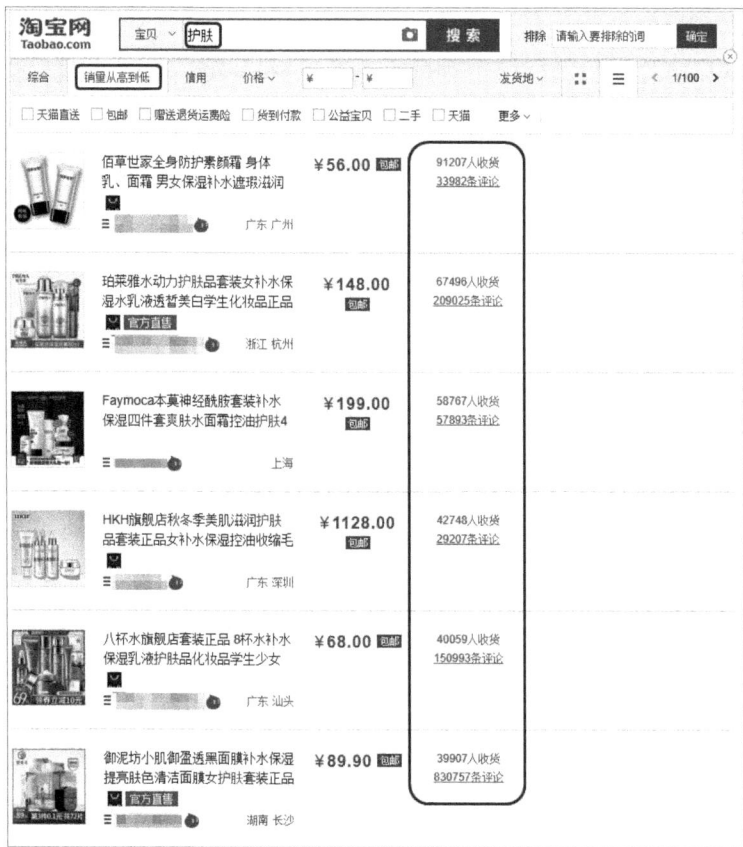

图 8-2　护肤类商品搜索页面

图 8-3 商品的款式、价格和销售数量展示页面

8.1.3 保证需求资源的支持

分析完行业爆款商品的特征后,卖家就要考虑打造爆款商品时需要准备的资源了。一般来说,打造爆款商品需要三种资源支持:一是物力支持;二是资金支持;三是人力支持。

物力支持,即卖家要考虑需要什么材料、商品如何包装、是否需要配备赠品、这些物料的数量是否有风险等。

资金支持,是指周期资金的准备、推广费用的准备。如果资金准备得不充分,则后果是很严重的,极有可能造成计划在进行一半的时候就被迫中止,这样前期的工作就都白费了。所以,卖家在打造爆款商品之前一定要确认资金是否充足。

人力支持，是指打造爆款商品需要各部门人员的积极配合，如客服、美工、营销人员等。群策群力尤为重要。

另外，在打造爆款商品时，如果商品如期热卖，店铺工作量会远远超过平时，接单量和发货量都会猛增，所以卖家需要提前考虑在打造爆款商品的过程中随时增加人手。

8.2 爆款商品的选择及销售技巧

很多卖家在进行商品推广的时候，花了很多钱，但自己主推的商品却并没有如期热卖。这说明其选择的主推商品并不是买家最想要的商品。因此，在打造爆款商品时，商品的选择是很重要的。

8.2.1 选择爆款商品

在打造爆款商品时，商品款式的选择是一个重要的环节，卖家不能盲目选择，而要依据数据进行分析。

很多卖家进行爆款商品引流时，只选择自己喜欢的商品，或者库存积压的商品，这种做法显然是草率的、错误的。哪些商品适宜作为爆款商品呢？

（1）时下流行和应季的商品。卖家可选择时下比较流行的商品。另外，季节性的因素也是很重要的，特别是女装等季节性比较强的商品，因此要选择应季的商品或符合下一季预热需求的商品。

（2）店铺热卖的商品。卖家可以通过阿里指数查看目前的类目关键词热度，推测当下热卖的是哪类商品。另外，通过查看淘宝的热卖商品，卖家可以选择店铺中类似的商品进行爆款推广。如图 8-4 所示，卖家通过阿里指数查看热卖商品。

（3）店铺人气商品。卖家通过生意参谋，分析店铺中商品的浏览量、跳失率、销量、成交转化率等数据，然后将成交量高的商品打造成爆款商品。

（4）价格优势商品。商品的价格越有优势越好。卖家应依据店铺的定位，选择性价比较高的商品，尤其是相比同行商品有价格优势的商品。

（5）款式齐全的商品。卖家在选择爆款商品时，商品最好具备颜色种类多、尺码齐全等属性，以供买家挑选。

图 8-4　卖家通过阿里指数查看热卖商品

8.2.2　保证爆款商品的质量过硬

买家购物的最终目的是买到物美价廉的商品，因此爆款商品的质量一定要过硬，不然成功的难度会很大，售后问题也会非常多。

卖家选择商品，要严格执行质量筛选程序。即使商品的价格再低，也一定要保证其质量，特别是爆款商品，其会影响整个店铺的形象。如果买家买了质量不好的商品，就可能不会产生二次销售。此外，商品的质量不过关，可能会给店铺带来更多的售后问题，大大增加了店铺的工作量，影响店铺的销售效率。为了强调商品的质量，卖家通常会在商品页面中插入商品的细节图片，如图 8-5 所示，这正是为了让买家相信商品的质量是过硬的。

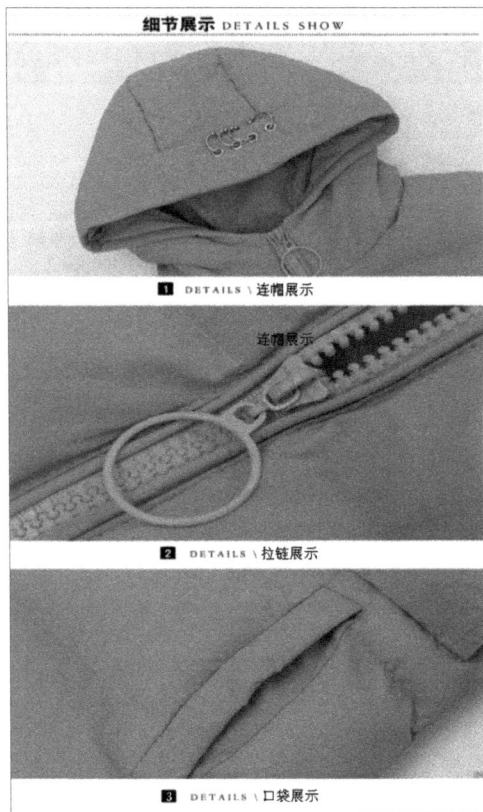

图 8-5　商品细节展示

8.2.3　爆款商品的定价策略

商品价格是否合理决定了该商品能否被成功打造为爆款商品。一般来说，销售火爆的商品大多执行的是大众化、平民化的定价策略，卖家可以根据各个行业的特点，确定本行业的价格定位。具体的定价技巧如下。

1."非整数定价法"

"非整数定价法"就是将商品零售价格定为以零头结尾的价格的方法。很多实践证明，"非整数价格法"更能激发买家的购买欲望，如某件商品定价"9.9 元"比定价"10 元"更能激发买家的购买欲望。需要注意，这里的"非整数"并不一定是小数，如本来定价100 元的商品，定价99 元或 88 元销售，这也符合"非整数定价法"的规则。如图 8-6 所示，该爆款商品就是采用了"非整数定价法"。

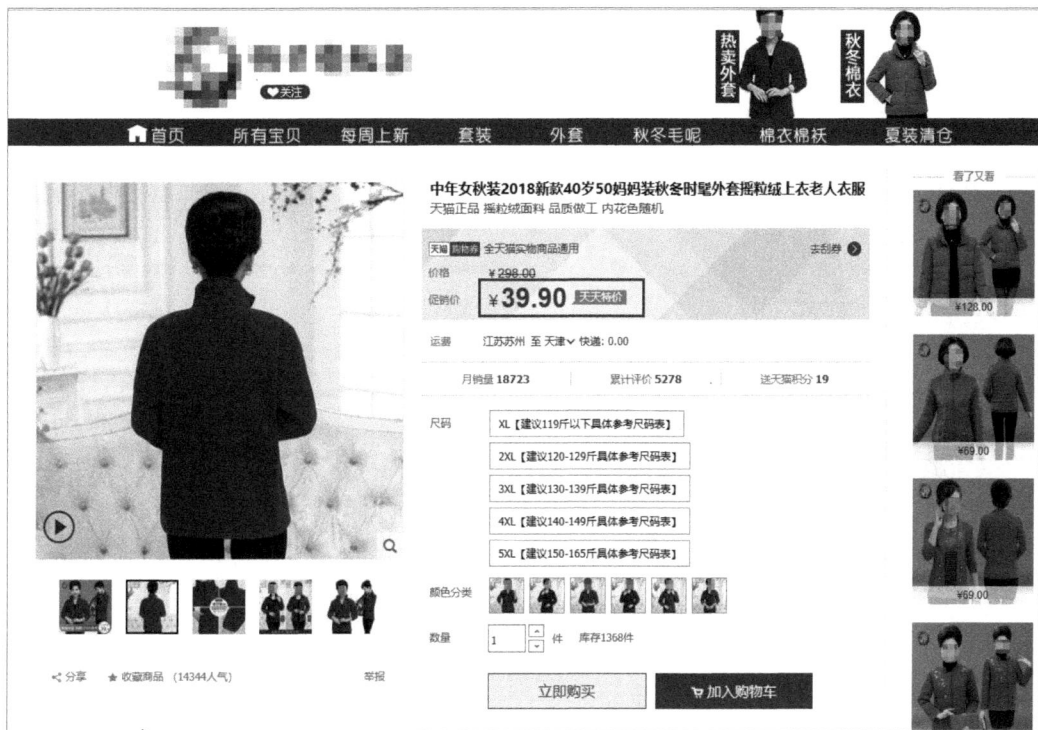

图 8-6　"非整数定价法"示例

2．定价时用小单位

建议卖家在定价时采用小单位，这样会让买家感觉商品的价格比较低，如茶叶每斤（500 克）100 元可以定为每两（50 克）5 元。

3．选择买家易接受的数字进行定价

在定价方面还应结合国情，我国很多人喜欢数字"8"，不喜欢数字"4"。如图 8-7 所示，该商品的定价数字中有数字"8"，这是买家比较喜欢的数字。

图 8-7　定价数字中有数字"8"的商品示例

　　有诱惑力的价格是打造爆款商品的基本保证。合理的价格设置，可以让卖家获得较高利润的同时也可以让买家感觉更满意。

8.2.4　保证爆款商品的利润和库存

　　卖家在打造爆款商品时要保证店铺有利润空间。推广商品要投入较多的钱才会获得理想的效果，所以卖家要尽量挑选利润空间足够大的商品。很多卖家在做推广、做促销的时候常说"我做爆款的目的是带动整店的销量，是为了长远考虑，所以这次赚不赚钱无所谓"，但网店的最终诉求还是利润。如果在执行推广的时候就能赚钱，并且以后也能为店铺带来更多的利润，那才是最好的结果。

　　另外，爆款活动的火爆程度其实是很难准确预估的，卖断货的情况对于店铺的影响是非常大的。因此，卖家必须在活动前考虑库存数量，以应对可能出现的销量激增的情形，确保整个商品供应链健康运行，能够随时获得大量的商品补充，否则在推广爆款商品的时候就会显得缩手缩脚。一旦有了推广效果但商品的库存数量跟不上，那么推广费也就白白浪费了。

8.2.5　和其他商品关联销售

关联销售可以提高客单价，也可以提高流量的利用率。卖家可以在店铺首页或者商品详情页中添加爆款商品，做好关联销售，让爆款商品在店铺里得到更多的展现。这样，不仅方便了买家，同时也起到了提升流量、增强买家体验的效果。如图 8-8 所示，卖家在关联销售中添加的热卖爆款推荐。

图 8-8　关联销售中的热卖爆款推荐

卖家在打造爆款商品时，在支出大量推广费用后，爆款商品的利润会受到很大的压缩，甚至可能面临亏损的局面，而解决这个问题最简单的办法就是提高销量。关联销售的引导是店铺提高销量和增加利润的好办法。

卖家要想达到上述的效果，需要注意以下几点。

（1）对整个店铺的页面进行优化，只有提高整个店铺的转化率，才能获得更高的利润。

（2）关联商品不是越多越好，应当具体情况具体分析。比如，设置服饰类目的关联商品，主要是为了让买家有选择的余地，所以可以增加 2～3 个关联行，且每行不超过 4 件关联商品。

如果选择的是推荐式搭配套餐，比如买家买了一件 T 恤衫，卖家可以给他推荐搭配一条裤子或者一双鞋，而且搭配的数量最好不要超过 2 个。太多的推荐反而会让买家反感。

（3）关联商品的价位通常取决于商品目标买家的特征。

（4）客服工作要做到位。一个优秀的客服团队是很重要的，其可以提高店铺转化率，使店铺利润更有保证。

8.2.6　起始销量和起始定价

买家是有从众心理的，销量高的商品会提升买家对卖家的信任感。

如果商品的起始销量是零，那么很多买家可能是不太敢购买的。因此，卖家最好选择已经有一定销量的商品进行推广，因为有起始销量的商品，其在商品搜索页面中就有基础排名，也就是说，其会拥有一定的自然流量。

一件健康推广的商品，70%~90%的流量应该来自自然流量，只有10%~30%的流量来自付费推广流量。而如果卖家所推广的爆款商品的自然流量远远高于付费推广流量，这样就能够为卖家节省大量的费用。

卖家在打造爆款商品的过程中，可以尽量多参加一些淘宝网的官方活动。而大部分的官方活动对入选商品的销量是有一定要求的，商品的销量越高越容易报名成功。因此，卖家应该选择有一定销量的商品来进行推广。

新商品在上架时，价格应该尽量定得稍微高一些，这也为以后策划店内其他活动确定商品价格预留了很多空间，随着以后推广活动的开展，价格可以慢慢降低。

8.3　爆款商品的页面内容展示

要想店铺生意火爆，卖家一定要学会如何打造爆款商品。但打造爆款商品并非一件容易的事，卖家需要在商品页面展示很多方面的内容，否则难以成功。

8.3.1　骄人的成交记录展示

一般来讲，成交量越大的商品，购买的人就越多。如果卖家把店铺历史上的销售成绩（店铺销售量、商品累积销售量、商品被买家疯狂抢购的场景等信息）添加到商品的详情页面中，就可以大大增加买家的购买率。

尤其是在推广后期，卖家要营造爆款商品热卖的氛围，如可以把之前商品的销量情况截图放到商品的详情页面中进行重点展示，突出展示各项销售数据，用数据吸引买家，如图8-9所示。

图 8-9　突出展示销售数据

8.3.2　买家好评展示

卖家信用评价良好是交易成功的重要因素。此外，已经购买了商品的买家的评论，会对正在犹豫是否购买商品的买家起到决定性作用。因为在买家看来，卖家提供的商品信息都是出于宣传目的，而已经购买了商品的买家留下的评论才显得更真实。

现在的买家越来越理性，当他们在无法判断一件商品是否是他们最终想要的，或者无法判断一件商品的质量如何时，一般不太愿意接受卖家的推荐，而更愿意相信其他买家提供的意见。而当买家看到类似如图 8-10 所示的商品评价记录时，相信他们的疑虑会很容易被打消。

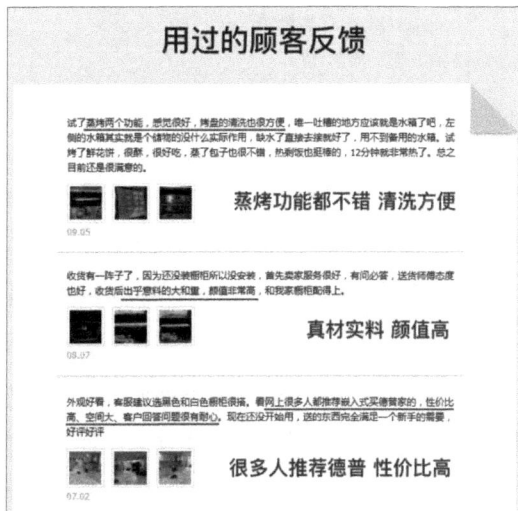

图 8-10　商品评价记录

8.3.3　商品卖点展示

商品能成为爆款商品，一定有其与众不同的地方。卖家也一定要知道该爆款商品有什么卖点和亮点，并将信息传达给买家。

如图 8-11 所示，卖家要使用图片和文字把商品的卖点、亮点突出展示，让买家一眼就看出这件商品和其他商品的不同之处。

图 8-11　商品的卖点、亮点展示图

8.3.4　售后保障措施展示

买家有时会对商品的售后服务质量有所顾虑，卖家可以采取售后保障措施，如采取售前告知的方式，打消买家对售后服务质量的顾虑。卖家在售前将售后保障措施告知买家的渠道主要有两种。

第一种，买家通过阿里旺旺向卖家咨询时，卖家可直接将售后保障措施告知买家。

第二种，在商品详情页中将售后保障措施重点展示出来。卖家要想方设法地展示商品健全的售后保障措施，让买家产生信任感，而且这种信息也会随着交易的达成而成为一种承诺，让买家对卖家产生进一步的信赖感。图 8-12 所示为某家店铺在商品详情页中展示的售后和保修措施。

图 8-12　售后和保修措施示例

如图 8-13 所示,某店铺用直观的流程图的形式说明了退换货流程,让买家在短时间内就能了解退换货所有的环节。在移动互联网时代,买家对于纯文字信息的接受能力要弱一些,卖家通过图片来传达信息效果会更好。

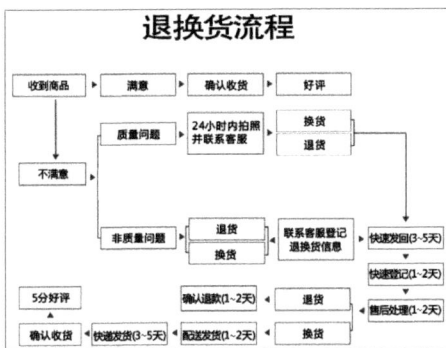

图 8-13　退换货流程图

8.3.5 包装信息展示

网上购买的商品需要通过物流运输，最终才能到达买家手中。因此，包装是物流运输中必不可少的环节。商品在运输途中难免会磕磕碰碰，低劣的包装很可能无法保护商品，所以有很多买家对这一环节心存顾虑。如图 8-14 所示，卖家可以在商品详情页中添加包装信息，同时清楚地讲解商品的包装过程，以及防压抗震的包装设计，以此打消买家对于包装的顾虑。

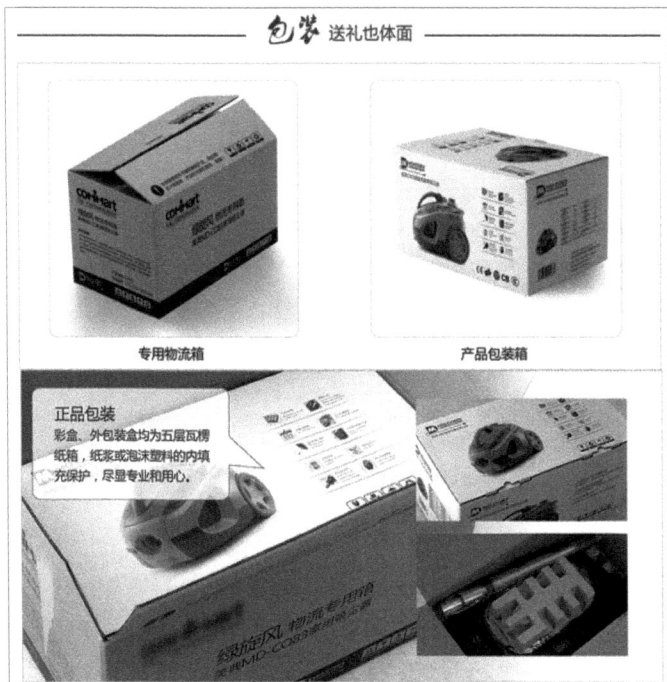

图 8-14　包装信息示例

此外，买家拿到商品时最先看到的就是包装，所以商品一定要有一个合格的包装，这样才能给买家留下一个好的印象。美观大方、细致入微的包装不但能确保商品安全到达，还能获得买家的信任。

8.3.6 物流问题展示

淘宝网上的中差评有相当的比例与物流问题有关，而物流问题又是卖家、买家、淘宝（天猫）平台都无法决定的，到底该如何解决这些问题呢？卖家可以在商品详情页中加入物流公司的信息，如发货的是哪家快递公司，发出后需要多少天才能到达等。

选择一家合适的物流公司对打造爆款商品很重要，卖家要采用安全的运输方式把货物运送到目的地。如果物流的安全性得不到保障，那么就会引发一系列问题，甚至会直接影响店铺的生意和信誉。

如图 8-15 所示，卖家可以使用淘宝平台推荐的物流工具查询物流信息。

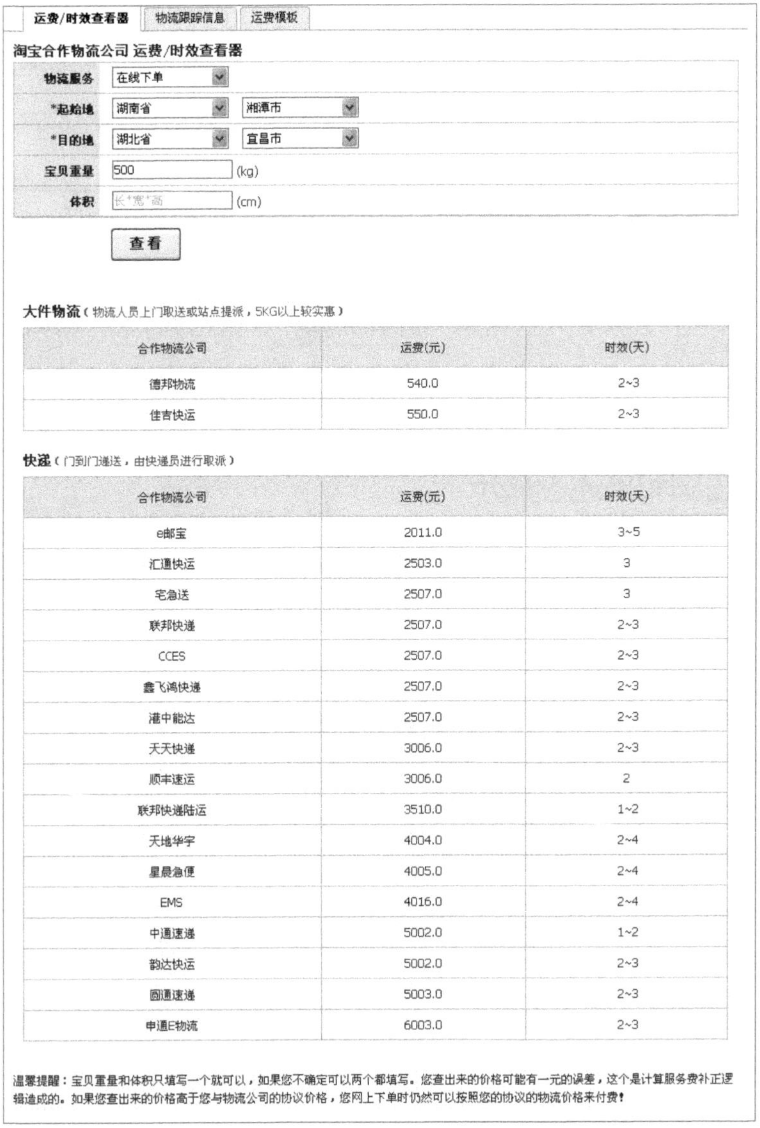

合作物流公司	运费(元)	时效(天)
德邦物流	540.0	2~3
佳吉快运	550.0	2~3

合作物流公司	运费(元)	时效(天)
e邮宝	2011.0	3~5
汇通快运	2503.0	3
宅急送	2507.0	3
联邦快递	2507.0	2~3
CCES	2507.0	2~3
鑫飞鸿快递	2507.0	2~3
港中能达	2507.0	2~3
天天快递	3006.0	2~3
顺丰速运	3006.0	2
联邦快递陆运	3510.0	1~2
天地华宇	4004.0	2~4
星晨急便	4005.0	2~4
EMS	4016.0	2~4
中通速递	5002.0	1~2
韵达快运	5002.0	2~3
圆通速递	5003.0	2~3
申通E物流	6003.0	2~3

图 8-15　使用淘宝物流工具查询物流信息

如图 8-16 所示，卖家可以在商品详情页将物流信息传达给买家，这样既解决了买家关心的物流问题，又打消了买家对物流环节产生的疑虑。

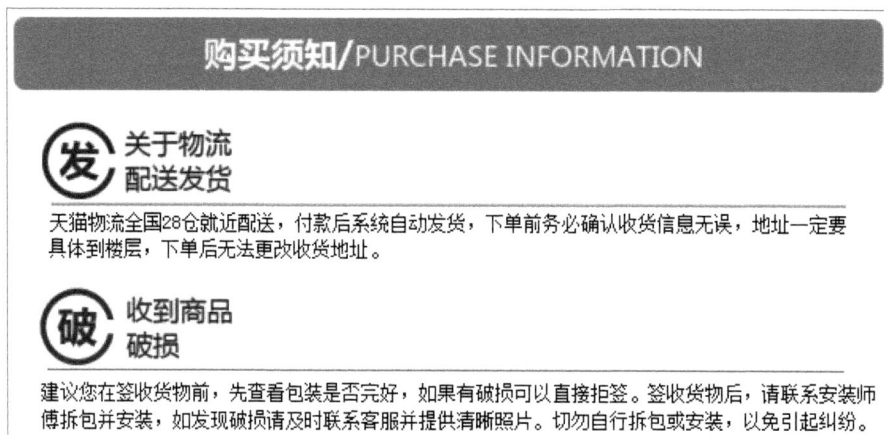

图 8-16　商品详情页的物流信息

8.3.7　商品主图和描述图展示

商品主图和描述图在淘宝的各个页面中发挥着不同的作用，因而各个图片对店铺销售的推动作用也是不同的。

店铺的图片一般分为两种。

（1）商品主图，如图 8-17 所示。商品主图一般会出现在三个页面中。第一个就是商品的搜索页面，在这个页面中商品主图发挥的作用就是吸引买家从搜索页面来到店铺。第二个是店铺的分类页面，它的功能就是吸引买家点击。第三个页面是商品描述页面，在这里商品主图比较大，买家在这里看得最为真切，而这也是商品描述页面的第一屏，它的目的是让买家停留在店铺中，继续浏览网页。

图 8-17　商品主图

（2）描述图片，它只会出现在商品描述页面中，其功能就是为了激发买家的购买欲望，打消买家的购买疑虑，此类图片往往做得比较美观、真实。美观是为了让买家有购买欲望，真实是为了让买家放心购买。

8.3.8　其他方面的内容展示

除上面提到的各方面内容以外，还有一些其他方面的内容展示也会影响买家是否最终购买商品。

1．信息告知

在淘宝平台上，很多卖家常常抱怨：同样的商品，别的店铺一个月卖几百件，而自己的店铺即使标上更低的价格也只能卖几件甚至一件也卖不出去。原因就是店铺的信息告知不到位，买家并不知道店铺在打折。

买家一般是从搜索页面直接进入商品页面的。而大多数卖家都习惯把促销信息图放到店铺首页中，而忽视了买家通常是从商品页面进入的，所以卖家应该把促销信息放到店铺的每一个页面中。如图 8-18 所示，卖家在商品页面中添加了打折信息。

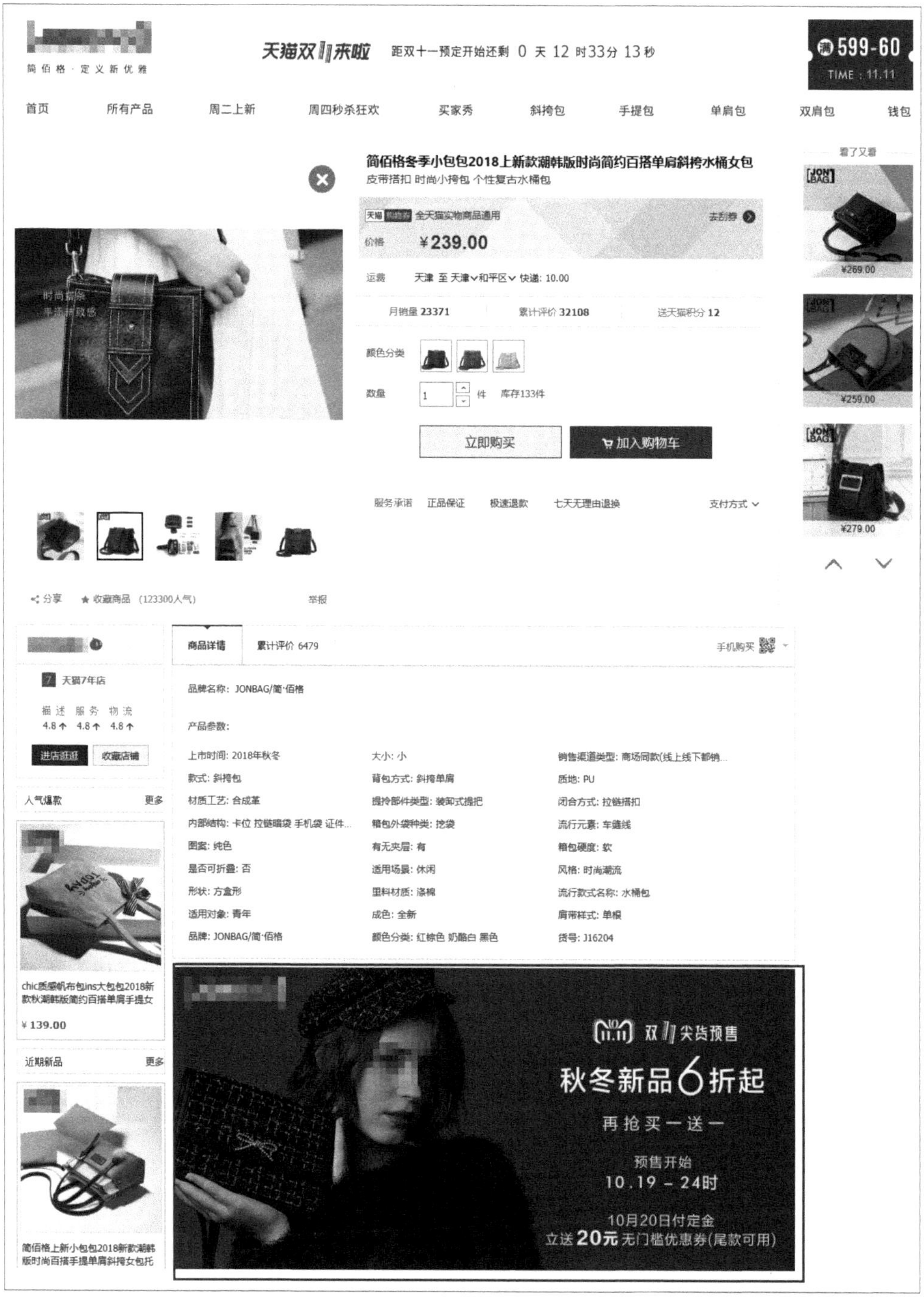

图 8-18　商品页面中的打折信息

2．首屏信息

买家进入卖家店铺商品详情页的首屏时，首先会看到两条重要信息：一条是商品主图，另一条是店招。设置这两条信息的目的就是为了吸引买家继续浏览下面的页面，以此把买家留住。因此，在商品主图和店招中应该描述店铺的核心卖点和核心信息，如打折、促销、秒杀等。如图 8-19 所示，卖家在首屏信息中添加了打折、促销等信息。

图 8-19　首屏信息中的打折、促销等信息

3．店铺品牌介绍

就像商品有卖点一样，店铺也有卖点。卖家的店铺和同行的其他店铺有什么区别，商品价格为什么比同行高，这都需要展示出来。不是注册了商标的品牌才能称得上品牌，如果一个店铺深入人心，受买家欢迎，那么这个店铺就是一个品牌，也可以进行品牌介绍和展示。如图 8-20 所示，该商品的详情页中有其品牌故事的介绍。

图 8-20　商品详情页中的品牌故事介绍

4．真伪对比

很多卖家会在店铺中写着"假一赔十、绝对正品、专柜验货"等醒目标语。但也有一些卖家自信自己的商品没有问题，反而不会突出这一点。事实上，真伪问题十分重要，很多买家在购买商品时，都会担心自己购买的东西是否为正品。因此，卖家可以在商品详情页中加入同款商品的真伪对比图片，以此增加买家的信任感。

5．色彩说明

店铺中的商品图片一般会有色差问题，这是因为数码相机的拍摄效果和电脑显示屏的显示效果都会影响商品颜色的显示效果。这时卖家需要在店铺中加以说明，让买家有一定的心理准备，从而避免产生更多的售后问题。

8.4　打造爆款商品的步骤

每一件爆款商品，都有一定的生命周期。卖家打造爆款商品，也要合理地把握好这个周期，为店铺赢得更多流量。

8.4.1　预热期——选出有潜力的商品

在打造爆款商品之前，卖家一定要对本行业进行充分的了解，对竞争对手进行合理的分析，对买家的接受程度有清楚的认识。

卖家首先要提高商品在搜索方面的竞争力——完善商品主图、标题、价格三要素。买家在搜索页面首先看到的就是商品三要素。如图 8-21 所示，该商品的主图、标题、价格都很吸引人。

（1）主图：突出主题、展示全貌。

（2）标题：优化关键词，提高商品曝光率，充分利用 30 个商品标题关键字。

（3）价格：商品价格需与店铺定位相匹配。卖家可以考虑将商品的价格定得尽可能低一些，使商品迅速被买家所接受，在市场上取得领先优势。

图 8-21　商品主图、标题、价格示例

商品三要素是吸引买家点击进来的关键。买家点击进来后，卖家就要让其看到美观、真实的商品描述，这就需要卖家把商品描述做好，清晰地展现商品的实际状况。卖家具体要做到以下几点。

（1）注意表现商品的整体性与细节性。

（2）通过展现商品的特有品质引起买家的购买欲望。

（3）商品的尺寸对比和售后说明是必要的信息，同时要做到图文并茂。

卖家在商品有一定销量的基础上，可以考虑开展一些营销活动，如参加一些网络平台的官方活动或者开展店铺自己组织的秒杀、限时折扣活动等。要做到这一点，就要求卖家平时要维护好以前的买家，因为他们是帮助店铺成长的"盟友"。卖家在推广爆款商品时，如果以最优惠的价格优先回馈给以前的买家，就会大大增强与买家的黏性。

其实，这些营销活动也是卖家对市场进行验证的方法，通过商品销量、客户评价等指标，卖家可以评估选择的商品是否被市场认可。如果营销活动前期的效果不佳，后期卖家就要谨慎对待了，这款商品可能并不适合作为爆款商品进行推广。

8.4.2　爆发期——快速引流

如果预热准备工作做得比较理想，进入爆发期时该商品就应该已经有了一定的销量基础。在爆款商品的成长阶段，卖家需要加大推广的力度，增加推广的投入，快速引流。

流量的引入可以从以下两个方面入手。

（1）淘宝网的促销活动，如淘金币、天天特卖等。这些活动不需要太多的投入，且能为商品快速聚集人气、累计销量。

（2）付费流量，如直通车、智钻展位、淘宝客等。这些方式首先要靠买家来购买商品，然后用促销活动将商品销售推向一个高潮，接着再用直通车来进行长期的推广。之后，卖家可以考虑多投入一些广告。

8.4.3　成熟期——做好店铺关联销售

经过前面的两个时期，爆款商品便基本确定了，因为其具有较高的性价比，所以能让买家动心。打造爆款商品的初衷是为店铺带来巨大流量，为店铺聚集人气，但想让店铺盈利还是要靠卖家做好店铺爆款商品和其他商品的关联销售，从而带动整个店铺的销售。

卖家应做好店铺商品的关联销售，利用好爆款商品带来的高人气。卖家不能只看短期效应，应更加注重店铺的长远发展。例如，卖家可以在爆款商品页面添加关联商品，如图8-22所示。

图 8-22　在爆款商品页面添加关联商品

添加关联商品绝对不是把其他商品胡乱堆砌在买家面前。卖家在添加关联商品时一定要遵循以下几条原则。

（1）同系列关联。卖家如果卖的是连衣裙，可以在爆款商品的详情页中添加其他款式的连衣裙进行关联销售。

（2）搭配关联。卖家如果卖的是半身裙，可以搭配衬衫等进行关联销售。

（3）相近的价格关联。卖家如果卖的是羽绒服，就可以利用其他款式并且价格相近的羽绒服进行关联销售。因为买家从大量搜索结果中选择进入这个爆款页面，一定是被这件商品的款式和价格所打动。卖家将其他相近款式和价格的羽绒服进行关联销售，就有可能打动买家多买一件。

（4）热销商品关联。如果某件爆款商品无法搭配其他商品，也没有相近的商品，那么就可以把店铺的其他热销商品添加上去进行关联销售。这些商品能够热销，说明它们也是有独特优势的。

8.4.4　衰退期——努力维持，推陈出新

爆款商品的衰退期迟早会来临，卖家要做的就是尽量让爆款商品的生命周期更长一些，尽可能为店铺引入更多的流量。同时，卖家要打造新的爆款商品，把之前经过测试的、有爆款潜质的商品，放到处于衰退期爆款商品的详情页中，用处于衰退期爆款商品的流量去带动新爆款商品的成长。

"打造新的爆款商品"这项工作，也可以在更早一些时候就开始进行。如果卖家运作得顺利，那么店铺完全可以拥有一组爆款商品，构成一个爆款商品群。爆款商品群的"威力"可以让整个店铺的流量得到"爆炸性"增长。

8.5　习题

1．填空题

（1）打造爆款商品的目的很简单：首先，打造爆款商品是为了_____；其次，打造爆款商品是为了提升人气。卖家可以把打造爆款商品作为_____，从而带动整个店铺销量的提升。爆款商品可以保证店铺的流量，店铺的大部分流量往往是来自几件爆款商品的流量。

（2）分析完行业爆款商品的特征后，卖家就要考虑打造爆款商品时需要准备的资源。一般来说，打造爆款商品需要三种资源支持：一是_____；二是_____；三是_____。

（3）商品价格是否合理决定了这件单品能否被成功打造为爆款商品。一般来说，销售火爆的商品大多执行的是_____的定价策略，卖家可以根据各个行业的不同，确定本行业的价格定位。

2．简答题

（1）简述打造爆款商品的意义。

（2）在打造爆款商品时，怎样进行商品选择？

（3）爆款商品的页面需要展示哪些内容？

（4）打造爆款商品的步骤有哪些？

答 案

————————————————

第 1 章　网店推广的流量分析

1.7　习题

1．填空题

（1）流量　商品　交易　披露　分析　解决　预测

（2）直通车　智钻展位　淘宝客　直通车　智钻展位　淘宝客

（3）智钻展位

（4）淘宝客如意投　淘宝客如意投

2．简答题

（1）参考 1.2.1 节

（2）参考 1.2.2 节

（3）参考 1.5.2 节

（4）参考 1.6.1 节

第 2 章　直通车

2.6　习题

1．填空题

（1）直通车　直通车

（2）推广主体　创意主图　关键词

（3）数据反馈　推广效果

（4）日限额　日限额　日限额　日限额　日限额

（5）平均点击单价

2．简答题

（1）参考 2.1.2 节

（2）参考 2.1.4 节

（3）参考 2.2 节

（4）参考 2.3 节

（5）参考 2.4 节

第 3 章　智钻展位

3.5　习题

1．填空题

（1）智钻展位　智钻展位

（2）排序　展现

（3）搜索页面的右侧、底部

（4）搜索　浏览

2．简答题

（1）参考 3.1.1 节

（2）参考 3.1.2 节

（3）参考 3.1.3 节

（4）参考 3.3 节

（5）参考 3.4 节

第 4 章　淘宝客推广

4.7　习题

1．填空题

（1）成交　风险最小的

（2）网站型　非网站型

（3）高转化率　转化

（4）转化率高　价格合理

2．简答题

（1）参考 4.1.1 节

（2）参考 4.1.2 节

（3）参考 4.2 节

（4）参考 4.3.1 节

（5）参考 4.4 节

（6）参考 4.5 节

第 5 章　玩转促销策略

5.10　习题

1．填空题

（1）客源和知名度　完善的准备

（2）促销方式

（3）一种虚拟的电子现金券

（4）淘金币　淘金币　淘金币

2．简答题

（1）参考 5.1 节

（2）参考 5.2 节

（3）参考 5.3.1 节

（4）参考 5.4 节

（5）参考 5.5 节

（6）参考 5.7 节

第 6 章　淘宝活动

6.5　习题

1．填空题

（1）卖家　报名商品

（2）"活动报名"选项　"我要推广"选项

（3）聚划算　淘抢购　行业营销活动　淘宝群　淘宝嘉年华

（4）营销产品

2．简答题

（1）参考 6.1 节

（2）参考 6.2.1 节

（3）参考 6.2.3 节

（4）参考 6.3 节

第 7 章　做好手机端淘宝推广，引爆店铺销量

7.7　习题

1．填空题

（1）淘金币

（2）流量

（3）几种商品组合成套餐进行销售　一次性购买更多的商品

（4）线上与线下　手机端

2．简答题

（1）参考 7.1 节

（2）参考 7.2 节

（3）参考 7.3 节

（4）参考 7.4.1 节

（5）参考 7.5 节

（6）参考 7.6 节

第 8 章 打造网店爆款商品

8.5 习题

1．填空题

（1）提升销量 营销手段

（2）物力支持 资金支持 人力支持

（3）大众化、平民化

2．简答题

（1）参考 8.1.1 节

（2）参考 8.2 节

（3）参考 8.3 节

（4）参考 8.4 节